Andrea Camilleri

Was ist ein Italiener?

Andrea Camilleri

Was ist ein Italiener?

Aus dem Italienischen
und mit Anmerkungen von Peter Kammerer

Verlag Klaus Wagenbach Berlin

Wagenbachs Taschenbuch 630
Deutsche Erstausgabe

2. Auflage 2011

Umschlaggestaltung Julie August unter Verwendung mehrerer Fotografien aus »Supplement to the italien dictionary«, Corraini Edizioni, 2009 © Bruno Munari 1963. Courtesy Corraini Edizioni. Reihenkonzept Rainer Groothuis. Das Karnickel auf Seite 1 zeichnete Horst Rudolph. Vorsatzmaterial von Schabert, Strullendorf. Gedruckt und gebunden bei Pustet, Regensburg. Printed in Germany.

ISBN 978 3 8031 2630 6

Inhalt

Andrea Camilleri Was ist ein Italiener?

Peter Kammerer Zu Camilleris Überlegungen

Andrea Camilleri

Was ist ein Italiener?

Kleine persönliche Vorbemerkung

Ich bin kein Historiker, kein Soziologe, kein Anthropologe. Ich bin nur ein Geschichtenerzähler, ein italienischer Romanschriftsteller, der allerdings seine Mitbürger besonders aufmerksam beobachtet.

Es ist daher kein Zufall, dass alle Zitate, mit denen ich meine These stütze oder von denen ich ausgehe, aus der Literatur stammen und nicht aus Geschichtsbüchern.

Daher sollte das Folgende, über das die Fachleute sicherlich die Nase rümpfen werden, mit einem gewissen Vorbehalt aufgenommen werden*.

* Sternchen im Text verweisen auf das Nachwort von Peter Kammerer (Seite 47 ff.)

Versucht man die Frage zu ändern in: »was ist ein Franzose« oder »was ist ein Deutscher«, findet man ziemlich schnell Antworten. Man braucht nur einige Gemeinplätze aneinander zu reihen.

Natürlich gibt es auch über die Italiener Gemeinplätze, etwa »italiani brava gente«* (»Italiener, gute Menschen«), aber ich glaube nicht, dass die im Kolonialkrieg vergasten Abessinier oder die deportierten Libyer dieser Ansicht sind. Und um nicht all zu weit in die Geschichte zurück zu gehen: ich glaube, dass die »extracomunitari«*, die täglich an unseren Küsten landen, mit dieser Definition ebenfalls nicht einverstanden wären.

Als das vereinte Europa entstand, fürchteten viele Norditaliener, außer ihrem Geld auch noch ihre Identität zu verlieren. Selig, wer glaubte, eine zu haben. Um sie zu behaupten, heirateten einige »Padanier«* nach keltischem Ritus, von dem niemand genau weiß, was er ist.

Auf jeden Fall haben keltische Riten oder die Anbetung der Quelle des Po nichts zu tun mit bestimmten südlichen Riten wie der Verflüssigung des Blutes des hl. Gennaro oder dem Fest der hl. Rosalia*.

Soll man also beide, einen Bauern aus dem Friaul und einen aus Sizilien, einfach als »Italiener« bezeichnen? Offensichtlich hat sich seinerzeit auch Metternich, angesichts der italienischen Bestrebungen nach nationaler Einheit, mehr oder weniger die gleiche Frage gestellt. Und war es wirklich so falsch zu sagen, Italien sei lediglich ein geographischer Begriff? Damals hatte ein italienischer Politiker gesagt: »Wir haben Italien gemacht, jetzt müssen wir noch die Italiener machen.« Gab er damit nicht implizit zu, dass bei uns der Sinn für die nationale Einheit noch völlig fehlte?

muss man klären, was ich unter dem Begriff »Italiener« verstehe. Nehmen wir einmal an, mein Beispiel sei der sogenannte Durchschnittsitaliener (»Ich gehe mit der These um/der Italiener ist im Durchschnitt dumm« sang vor 40 Jahren Laura Betti*). Er ist das Ergebnis statistischer Mittelwerte und ich habe versucht, einen gemeinsamen Nenner zu finden, der sich nicht in Schulabschluss, Beschäftigung, Monatsgehalt usw. erschöpft. Doch die Menschen sind keine Nummern und jedes Individuum hat seine eigenen Besonderheiten, was die Genauigkeit des Endergebnisses nicht nur fragwürdig, sondern sogar höchst unwahrscheinlich macht. Mit anderen Worten: Eine Suche nach dem gemeinsamen Nenner läuft Gefahr, genau das auszulassen, was nicht in die Annahme passt.

Sagen wir es besser. Wenn einer an einem Tag zwei Hühner isst und ein anderer überhaupt keines, so haben die beiden statistisch gesehen pro Kopf ein Huhn gegessen.

Meine Antwort auf die Frage: »Italiener gute Menschen?« lautet also »nein«, was jedoch keineswegs leugnet, dass es unter den Italienern eine Menge guter Menschen gibt.

Auf jeden Fall lassen sich gemeinsame Merkmale feststellen. Manche sieht man mit bloßem Auge, andere werden quasi nur in Laboruntersuchungen deutlich.

Es war in der Zeit des Faschismus,

als die größte Anstrengung, eine nationale Einheit herzustellen, unternommen wurde. Es gab Maßnahmen zur Regulierung der Binnenwanderung und zur Abschaffung regionaler Besonderheiten. Man ging vor allem gegen die Dialekte vor, deren Gebrauch in der Schule, im öffentlichen Dienst, im Theater und im Kino streng untersagt wurde.

Sofort danach erließ jedoch das Minculpop, das heißt das Ministerium für Volkskultur, eine Durchführungsbestimmung, die das Dialekttheater eines Gilberto Govi (Genua), der Brüder De Filippo (Neapel) und des Cesco Baseggio (Venedig)* vom Verbot ausnahm.

Ein klarer Widerspruch, um so mehr, als die drei Theater auf dem gesamten nationalen Territorium große Erfolge hatten und so indirekt Propaganda für die Dialekte machten.

Dieser Widerspruch gibt mir Gelegenheit, einen ersten gemeinsamen Zug der Italiener festzustellen.

Der Gebrauch der Dialekte

Es steht außer Zweifel, dass die im Dialekt geschriebene Literatur eines Ruzante, Meli, Porta, Belli, Goldoni, Pirandello und De Filippo* oft Meisterwerke hervorgebracht hat, die zum kulturellen Erbe der ganzen Nation gehören.
Doch wie war und ist der Gebrauch der jeweiligen Dialekte in der Umgangssprache?

In einem Artikel aus den letzten Jahren des neunzehnten Jahrhunderts mit dem Titel »Moderne Prosa« schreibt Luigi Pirandello:

> »Die italienische Sprache, das ist eine alte, immer wieder betonte Wahrheit, wird im Umgang nicht gebraucht. In Mailand spricht man den lombardischen, in Turin den piemontesischen, in Florenz den florentinischen, in Venedig den venezianischen, in Palermo den sizilianischen Dialekt, und so geht es weiter. Jeder Dialekt hat seine phonetische und seine morphologische Struktur und seine besondere syntaktische Prägung. Lassen wir nun einmal einen Sizilianer und einen Piemontesen, beide nicht ganz ungebildet, miteinander sprechen. Gut. Um sich zu verstehen /.../ werden sie die Notwendigkeit spüren, sich auf eine gemeinsame Zunge zu berufen, auf eine nationale, die die ganzen Völkerschaften vereinen müsste, und da Italien ja nun vereint ist, auf die italienische Sprache /.../. Doch wo sie finden, wo spricht man diese gesegnete italienische Sprache? Man spricht sie oder will sie in den Schulen sprechen und man findet sie in Büchern. Und der Sizilianer und der Piemontese, die miteinander sprechen wollen, tun nichts anderes, als ihre Dialekte so gut es geht abzuschleifen, wobei sie die syntaktische Prägung beibehalten und da oder dort das, was die in Italien gesprochene italienische Sprache sein soll, mit Erinnerungen an das eine oder andere gelesene Buch ausschmücken.«

Pirandello spricht in seinem Beispiel von zwei Personen, die »nicht ganz ungebildet« sind.

Was wäre, wenn sein Beispiel sich auf zwei Ungebildete bezöge? Oder auf zwei völlige Analphabeten?

Es gibt eine Erzählung von De Roberto mit dem Titel »Die Angst« (*La paura*), die die sprachliche Wirklichkeit in einem Schützengraben des Ersten Weltkriegs fast fotografisch festhält: Jeder Soldat spricht den Dialekt seiner Herkunftsregion. Und sie verständigen sich untereinander mit Gesten und Blicken.

Ein gemeinsamer Nenner der Italiener war also, zumindest bis in die 50er Jahre des vorigen Jahrhunderts, die Unterschiedlichkeit der Dialekte.

Wie oft in Italien besteht der gemeinsame Zug in der Verschiedenheit.

Um das zu verdeutlichen, komme ich noch einmal auf Pirandello zurück.

In einem Artikel mit dem Titel »Sizilianisches Theater«, der aus der gleichen Zeit wie der bereits zitierte stammt, schreibt er:

> »... sehr sehr viele Wörter eines gegebenen Dialekts sind – abgesehen von den phonetischen Unterschieden – mehr oder weniger dieselben wie die der Hochsprache, aber als Begriffe von den Dingen, nicht als ihr besonderer Gefühlswert.«

Einfacher gesagt: Von einer gegebenen Sache vermittelt die Hochsprache den Begriff und der Dialekt das Gefühl.

Demnach würde das gemeinsame, italienische Fühlen, d. h. dieses gleiche Empfinden von Freude oder Entsetzen bei einem bestimmten Anlass, aus dem Denken im Dialekt entstehen. Die aus der Sprache gewonnene Begrifflichkeit würde hingegen zu unterschiedlichen Reaktionen führen.

Wenn man berücksichtigt, dass das Volgare*, die Volkssprache, in den Büros der Notare entstand (»sao ko kelle terre« usw.*), sind diese Beobachtungen Pirandellos vielleicht nicht ganz aus der Luft gegriffen.

Das Fernsehen hat dann die italienische Sprache in gewisser Hinsicht vereinheitlicht und nach unten hin nivelliert, aber es ist ihm nicht gelungen, die Wurzeln der Dialekte völlig verschwinden zu lassen.

Sie sind es letztlich, die auch heute noch verhindern, dass die italienische Sprache endgültig eine Kolonie des Englischen wird.

Die Kampagne gegen die Dialekte war eine der vielen Schlachten (wie die Kampagne gegen die Fliegenplage, die Getreideschlacht, die Kampagnen für Kinderreichtum oder für wirtschaftliche Autarkie usw.*), die der Faschismus zum Glück verloren hat.

Die volkstümliche Version erzählt, der Faschismus sei entstanden, weil die Züge wegen der Eisenbahnerstreiks unpünktlich gewesen und die Heimkehrer des Ersten Weltkriegs von den »Roten«, den Drückebergern und Vaterlandsverrätern, beleidigt worden seien.

Mussolini* war Sozialist, Chefredakteur des *Avanti!*, Kriegsbefürworter (1915) und Kriegsteilnehmer. Er hatte seine Partei verlassen und überzeugte die Industriellen des Nordens und die Agrarier der Emilia-Romagna, die über die Streiks und die Entstehung einer starken, von der kommunistischen Partei inspirierten Arbeiterbewegung besorgt waren (der PCd'I hatte sich 1921 von den Sozialisten abgespalten), dass seine Bewegung keine Revolution sei (auch wenn er das immer herumposaunte), sondern im wesentlichen eine Rückkehr zu Gesetz und Ordnung.

Wenn es sich überhaupt um eine Revolution handelte, so um eine bürgerliche, innerhalb des bürgerlichen Horizonts, die deshalb der öffentlichen Meinung und der großen Presse genehm war. In der Tat erkannten sich in ihr sowohl die große, als auch die kleine Bourgeoisie.

Den geschickt in epischen Tönen gepriesenen Marsch auf Rom* machte Mussolini im Schlafwagen. Wenn Viktor Emanuel III. mit seiner Weigerung, den Ausnahmezustand zu unterzeichnen, nicht dem Faschismus die Tore geöffnet hätte, wäre vor einem schussbereiten Militär die Aktion wie eine Seifenblase zerplatzt.

In der ersten Regierung Mussolini finden sich neben Faschisten an prominenter Stelle die Namen von bedeutenden Liberalen, Sozialisten, Katholiken und Demokraten.

Abgesehen von der kurzen Zeit unmittelbar nach der Ermordung Matteottis* hatte von nun an der Faschismus leichtes

Spiel und verstand es, in kurzer Zeit die Zustimmung der Italiener zu gewinnen. Die Wenigen, die Widerstand leisteten, kamen ins Gefängnis, wurden in die Verbannung geschickt oder jedenfalls zum Schweigen gebracht.

Den Italienern gefielen am Faschismus viele Sachen, darunter das Autoritäre, die Entscheidungsfreudigkeit, das »me ne frego«* (»ist mir egal«), das Machotum und vor allem gefiel ihnen die Einführung von Uniformen, die eine gewisse Nivellierung der Klassenunterschiede gestattete. Als zu Beginn der 30er Jahre der Faschismus von allen Staatsbediensteten einen Treueschwur zur Partei verlangte, weigerte sich nicht ein einziger Richter, kein Beamter, kein Polizist und kein Funktionär in irgendeiner Position, ihn zu leisten. Nur zwölf Universitätsprofessoren wiesen dieses Ansinnen zurück und wurden nach Hause geschickt. Alles in allem war es irgendwann so, dass der häufig auf Mauern gepinselte Satz »Duce, Du bist wir alle« der italienischen Wirklichkeit entsprach. Man sagte, die ozeanischen Massen auf der Piazza Venezia in Rom seien das Ergebnis einer bis ins Kleinste organisierten Mobilisierung gewesen. Das ist nicht wahr! Der Italiener liebte es, das Wort des Duce zu hören und sich als Einer unter Vielen zu sehen.

Man kann heute durchaus behaupten, dass Mussolini, wenn er nicht mit Hitler den Stahlpakt geschlossen und so sich selbst in den Krieg hineingezwungen hätte, ähnlich wie Franco an Altersschwäche in seinem Bett gestorben wäre. Francisco Franco hatte Deutschland und Italien eine oder mehrere Divisionen für die Front geschickt, sonst aber hielt er sich klug beiseite.

Bekanntlich begann die Zustimmung abzustürzen, als den Italienern klar wurde, dass der Krieg unweigerlich verloren war.

Der Krieg auf Seiten Hitlers wurde von der Mehrheit der Italiener als der tragische Irrtum eines von seinen Parteigrößen und Generälen schlecht beratenen Mussolini angesehen. Den

Satz, den man am häufigsten hören konnte, war: »Das mit dem Krieg war ein Fehler, aber zweifelsohne hat er gute Sachen gemacht.« Also eine Absolution mit drei Avemaria und einem Vaterunser für diesen einzigen Fehler. Der Krieg war jedoch das natürliche, fatale und nicht umkehrbare Ergebnis der faschistischen Auffassung vom Recht des Stärkeren (in diesem Fall des deutschen Verbündeten), was die Italiener aber nicht verstanden oder nicht verstehen wollten. Mit schwerwiegenden Folgen.

Nach der Befreiung 1945 erschien in der angesehenen Zeitschrift für Kultur und Politik »Mercurio« der Artikel des großen Journalisten Herbert Matthews mit dem Titel: »Ihr habt ihn nicht getötet.« Anlässlich der Erschießung Mussolinis und vieler seiner Würdenträger bestritt Matthews nicht nur, dass der Faschismus tot sei, sondern behauptete auch, dass er noch lange in den Italienern weiterleben werde. Sicherlich nicht mehr in den Formen seiner 20-jährigen Herrschaft, aber in bestimmten Denk- und Verhaltensweisen. Und dass die Infektion, die sehr tief gegangen sei, noch lange, sehr lange, noch Jahrzehnte wirken werde. Ich hielt das damals für übertrieben, aber schon nach kurzer Zeit musste ich meinen Eindruck revidieren.

Wie lange dauerte es nach dem Sturz des Faschismus bis der MSI, der sich als dessen Erbe proklamierte, zu einer parlamentarischen Kraft wurde? Die Daten sprechen für sich. Giorgio Almirante, Redaktionssekretär und aktiver Mitarbeiter der infamen Zeitschrift »Die Verteidigung der Rasse«, dann Staatssekretär während der Republik von Salò, gründet den neofaschistischen MSI im Jahre 1946. Nicht einmal ein Jahr nach dem Fall des Faschismus. Und 1948 (!) kann er mit anderen Parteifreunden in das Parlament einziehen.

Kaum drei Jahre nach der Befreiung wird der Neofaschismus anerkannter Teil der Parteienlandschaft.

Der Faschismus ist also ein Phoenix, der es nicht nötig hat, in Asche zu zerfallen, um sich neu zu erheben.

Vierundsechzig Jahre Demokratie haben nicht genügt, um das Blut der Italiener zu reinigen. Noch immer gibt es infizierte Zellen, aus denen bei jeder Gelegenheit gefährliche Viren freigesetzt werden können.

Ausgesprochen faschistische Äußerungen werden immer häufiger. Das beginnt mit dem »Römischen Gruß« in den Fußballstadien und reicht bis zu gewalttätigen und grundlosen Angriffen auf jugendliche Linke, auf Obdachlose und auf Ausländer (nebenbei: wurde bisher jemand wegen Verherrlichung des Faschismus bestraft?). Aber das am meisten verbreitete und gefährlichste Phänomen besteht in faschistischen Verhaltensweisen derer, die davon überzeugt sind, keine Faschisten zu sein.

Einige Beispiele. Die Forderung der Rechtsparteien, Ausländer aus Italien auszuweisen, die gegen das blutige Vorgehen der Israelis im Gazastreifen protestiert haben, ist das faschistischste und undemokratischste Verhalten, das man sich vorstellen kann. Der Vorschlag, den Kindern der Roma Fingerabdrücke abzunehmen, ist rassistisch und faschistisch zugleich. Es ist faschistisch, wenn die Regierung den Präfekt von Rom versetzt, weil er mit einigen Vorschlägen des Bürgermeisters nicht einverstanden ist, der, nebenbei gesagt, gewöhnlich ein keltisches Kreuz am Hals trägt. Faschistisch ist die Absicht Berlusconis, die Verfassung zu ändern, ohne die Opposition einzubeziehen. Das erinnert stark an das »noi tireremo dritto«* (»wir machen so weiter«) aus Mussolinis Zeiten. Und so könnte man mit vielen anderen Beispielen fortfahren.

Fast immer in seiner langen Geschichte hat der Italiener bewiesen, genau so zu sein wie die Teilchen von Majorana*. Der große Physiker, der 1938 auf geheimnisvolle Weise verschwand, hatte eine revolutionäre Hypothese entwickelt, die ich mit den Worten des Physikers Andrea Vacchi so beschreiben möchte: Bei einigen Teilchen sind die Partner der Antimaterie sie selbst.

Das bedeutet, dass nicht etwa die Koexistenz, sondern die unteilbare Verschmelzung der Gegensätze ihre Identität ausmacht.

Es gibt eine wunderbare Erzählung von Borges, in der sich ein Häretiker und ein Hüter des Glaubens lange gegenüber stehen. Als der Häretiker schließlich auf dem Scheiterhaufen brennt, verwandelt sich sein Antlitz für einen Augenblick in das des Glaubenshüters, der ihn zu diesem schrecklichen Tod verurteilt hat.

Es handelt sich also nicht um die zwei Seiten der gleichen Medaille, sondern um eine Medaille, die auf beiden Seiten das gleiche Bild trägt.

Den selben italienischen Soldat, der sich als Neunzehnjähriger in Caporetto* zu kämpfen weigerte, findet man vierzigjährig in El Alamein, wie er bis zum Tode kämpft. Und zwar aus Gründen, die keineswegs den gleichen Stellenwert haben. Im ersten Fall ging es darum, italienischen Boden zu verteidigen. Im zweiten Fall musste eine italienische Stellung auf fremder Erde gehalten werden.

Derselbe Italiener, dem als Auswanderer geholfen wurde, dem man Arbeit und Wohnung gab, sieht heute mit Widerwillen, dass es in Italien Menschen gibt, die bereit sind, Ausländer aufzunehmen.

Derselbe Italiener, der Mussolini glühend verehrte und ihn in Mailand frenetisch bejubelte, hängte seine Leiche wenige

Tage später ebenfalls in Mailand mit den Füßen an der Tankstelle an der Piazzale Loreto* auf.

Derselbe Italiener, der früher in Friaul nur mit Mühe sein Leben fristete und seine Frau als Dienstmädchen nach Rom oder anderswohin schickte, verachtet heute die Putzfrau aus dem Süden.

Und noch banaler: derselbe Italiener, der sich von seiner Frau trennt und mit einer Geliebten lebt, mit der er zwei Kinder hat, nimmt zerknirscht an einer Kundgebung gegen die Ehescheidung teil und unterzeichnet Aufrufe gegen die Legalisierung von Lebensgemeinschaften. Über die doppelte Moral der Italiener gegenüber den kirchlichen Geboten könnte man Bände schreiben.

In Italien können in derselben Person gleichzeitig Galilei und Giordano Bruno, Campanella und Pater Bresciani, Don Abbondio und Savonarola zusammenleben*.

Im Ausland hält man den Italiener für nicht vertrauenswürdig, weil er oft das gegebene Wort bricht oder eine eingegangene Verpflichtung nicht erfüllt. Und im Ausland weist man immer auf unsere Außenpolitik hin, die von einem Tag zum andern radikal Richtung und Linie wechseln und die Verbündeten von gestern in Feinde von heute verwandeln kann. Das passierte zum Beispiel beim Kriegseintritt Italiens 1915 und noch einmal am Ende des Krieges 1940–1945*.

Meiner Ansicht nach ist das nicht mangelnde Ernsthaftigkeit, sondern etwas anderes: als er sein Ehrenwort gab, überwog in diesem Italiener zu diesem Zeitpunkt das Pluszeichen. Aber sein Gegenteil, das Minuszeichen, war gleichzeitig auch da, in Reserve.

Im Film »Der dritte Mann« gibt es dafür ein gutes Beispiel: Der Mann, den Orson Welles spielt (der Regisseur erklärte, der Satz stamme von Orson Welles selbst), sagt, die Renaissance in Italien sei gerade in der Zeit entstanden, als Bruderkriege, Verrat und Mord den Höhepunkt erreichten, während der lange, ruhige Frieden der Schweiz nur die Kuckucksuhr hervorgebracht habe.

Und dieser seltsame Widerspruch zeige sich nicht nur in der Gesamtschau, sondern auch im Einzelnen, bei jedem langsamen Zoom auf einen Ort der Renaissance, auf ein Haus der Renaissance, auf ein Zimmer der Renaissance, auf einen Italiener der Renaissance.

Und natürlich auch auf einen Italiener von heute.

Das Rülpsen des Landpfarrers – die Italiener und ihre Vergangenheit.

In den Jahren der Zustimmung zum Faschismus sang Curzio Malaparte*:

»Ein Rülpsen deines Landpfarrers
Wiegt mehr als Amerika und sein Pomp
Noch im letzten Italiener
Stecken hundert Jahrhunderte Geschichte.«

Freilich sind es die Italiener, die mit Pomp auftreten. Nicht mit hundert Jahrhunderten Geschichte, von denen sie keine Ahnung haben, sondern mit dem Rülpsen ihres Landpfarrers.

Der Italiener hat kein Gesamtbild von der Geschichte Italiens. Wenn überhaupt sieht er bestimmte Details und bleibt beschränkt auf die kleinen Wechselfälle seiner engeren Umgebung, seines Heimatdorfes oder des Stadtviertels, in dem er geboren wurde.

Er wird sich höchstens mit den Angelegenheiten der Nachbarstadt befassen, aber auch nur, wenn diese direkter Rivale um die Fußballmeisterschaft ist.

Der Italiener ist wie ein Marsbewohner, der bei Nacht und Nebel inmitten von vier bewohnten Häusern vom Himmel gefallen ist. Ihm genügt zu wissen, wo seine Wohnung, seine Pfarrei, sein Wirtshaus und sein Rathaus stehen. Weiter reicht seine Neugier nicht.

Der Palio di Siena mit seinen Rivalitäten zwischen Stadtvierteln, die einen Grad von Fanatismus erreichen, der selbst den der Fan-Kurven in den Fußballstadien übertrifft, ist der perfekte Spiegel dessen, was den Italiener fest an seinen Ort bindet.

Und das erklärt zum Teil den großen politischen Erfolg der Lega Nord.

Über diesen Horizont hinaus ist der Italiener kurzsichtig.

Während des Ersten Weltkriegs kam die größte Zahl von Verweigerern und Deserteuren (ich beziehe mich auf Dokumente des Generalstabs) aus den bäuerlichen Rekruten des Südens, vor allem Siziliens und Kalabriens, die nicht verstanden, warum sie den Blumenkohl der Bauern in Norditalien verteidigen sollten.

Auf die Frage, ob er sein Vaterland liebe, hat Brecht eines Tages geantwortet, er sehe keinen Grund, das Fenster zu lieben, aus dem er als Kind gefallen sei. Die Italiener hingegen lieben dieses Fenster und den Boden darunter, auf dem ihr Kopf aufschlug.

In der Zeitschrift »Primato«, die der Minister Bottai* leitete, erschien 1942 (wenn ich mich recht erinnere), eine Karikatur von Amerigo Bartoli. Sie zeigte Benedetto Croce* in seinem Arbeitszimmer. Hinter ihm stand Hegel, fasste ins Auge, was Croce schrieb und sagte: »Was ich an Ihnen, Maestro, bewundere, ist der Sinn für Geschichten.«

Das ist es. Die Italiener haben keinen Sinn für Geschichte, sondern für Histörchen. Mit einiger Anstrengung gelingt es ihnen, die Mikrogeschichte zu berücksichtigen. Aber von deren Teilaspekten kommen sie nicht zu einem großen, allgemeineren Überblick.

Vom Risorgimento* wissen sie gerade, dass Onkel Lello, ein Bruder des Großvaters mütterlicherseits, jener Liederling war, der die Familie leichtsinnig im Stich gelassen hatte, um sich von Leuten umbringen zu lassen, die er nicht einmal kannte.

Die einzige Geschichte, die der Italiener wirklich bis in alle Einzelheiten kennt, ist die des Fußballs. Er weiß nicht nur alle Namen auswendig, alle Spitznamen, Laster, Fehler, die geschossenen Tore, die Frauen und Geliebten eines jeden Spielers, der jemals in seiner Lieblingsmannschaft von den Anfängen bis in unsere Tage gespielt hat, sondern er hat auch die entsprechenden Informationen über die Spieler der konkurrierenden Mannschaften. Eine ganz andere Geschichte ist dagegen die Geschichte.

Denn Geschichte setzt einen kritischen Gebrauch der Erinnerung voraus und die Italiener neigen dazu, vergesslich zu sein oder ein kurzes Gedächtnis zu haben. Wenn Geschichte wirklich die Lehrmeisterin des Lebens sein sollte, ist sie es in einer Schule, die die Italiener nie besucht haben.

Jener Teil des Hirns, der die Aufgabe hat, unser Leben insgesamt zu archivieren (nicht nur die Geschehnisse im Verlauf unserer Existenz, sondern auch das, was wir gelesen haben, die Schauspiele, die wir gesehen, die Konzerte, die wir gehört und die Ausstellungen, die wir besucht haben), hat bei den Italienern eine Art automatische Löschtaste, die sehr früh aktiviert wird und dem Gedächtnis nur eine minimale Autonomie gewährt.

Der Italiener nimmt unangenehme Ereignisse, die sich im Lauf der Jahre schon mehrmals wiederholt haben, immer wieder für neu, kaum dass sie sich ereignen.

»So eine Überschwemmung hat man in Rom noch nie gesehen.«

Wenn man dann an den Fassaden der römischen Paläste die Hochwassertäfelchen anschaut, entdeckt man, dass das Wasser im 17. oder 18. Jahrhundert einen weit höheren Stand erreicht hatte als heute.

Ich weiß, dieses Beispiel ist banal.

Mir scheint, es war T.S. Eliot, der gesagt hatte, Erinnerung sei die eigentliche Hölle. Die Verdammten müssen sich an alles erinnern, selbst was im Jahre 1928 hundert Gramm Margarine gekostet haben. Bestünde die Hölle tatsächlich aus dem Gedächtnis, käme der Italiener direkt ins Paradies.

An ein Ereignis, das ihn leidenschaftlich ergriffen hat, weil es von den Zeitungen und dem Fernsehen breitgetreten wurde, erinnert sich der Italiener nur ein paar Wochen oder höchstens ein paar Monate.

Es sei denn, es handelt sich um ein Verbrechen. Dann funktioniert die Gedächtnisstärke wesentlich länger. Das hat seinen ganz einfachen Grund. Die Italiener spalten sich sofort in zwei Parteien, die sich kompromisslos gegenüberstehen: Die einen sind von der Unschuld, die anderen von der Schuld überzeugt. Ohne die mindeste Kenntnis der Prozessakten, ohne Einzelheiten der Untersuchung zu kennen, entscheiden sie vom ersten Moment an, ob der Angeklagte unschuldig oder schuldig ist. Nach Nase. Ein Blick genügt.

Wer sich für »nicht schuldig« entschied, das sei nebenbei gesagt, bleibt eisern bei seiner Meinung, auch wenn die Richter in letzter Instanz und auf Grund erdrückender Beweise den Schuldigen zu Zuchthaus verurteilt haben.

Was die Richter betrifft und die Justiz:

Da ich Sizilianer bin, zitiere ich einige Sprichwörter meiner Heimat.

Cu havi dinari e amicizia/ teni 'n culu la Giustizia
(Wer Geld und Freunde hat/
dem geht die Justiz am Arsch vorbei)

Fari la Giustizia a manicu di mola
(Die krumme Art, Gerechtigkeit zu üben)

Judici, presidenti e avvucati/
'n Paradisu nun ne attrovati
(Richter, Präsidenten und Advokaten/
sucht ihr im Paradies vergeblich)

La furca è pi lo puviru/la Giustizia pi lu fissa
(Der Galgen ist da für den Armen/
die Justiz für den Dummen)

La liggi per l'amici s'interpreta,
per tutti gli altri s'applica
(Für die Freunde wird das Gesetz ausgelegt,
auf alle andere wird es angewandt)

Lu codici è fattu da li cappeddri
pi ghiri 'n culo a li coppuli
(Das Gesetzbuch ist von den Herrschaften gemacht, um die Bauern zu bescheißen)

Und so könnte ich noch lange weiter zitieren. Es gibt keinerlei Vertrauen in die Justiz, weil man allgemein überzeugt ist, sie sei ein Werkzeug, das die Reichen (die immer durch die Maschen schlüpfen) gegen die Armen gebrauchen. Eine Klassenjustiz.

Ich glaube, in allen Regionen Süditaliens gibt es solche Redeweisen. Das sei die Schuld der bourbonischen Institutionen, habe ich irgendwo gelesen. Aber die Sache verhält sich anders: Die bourbonische Justiz mag in der Tat kein Vorbild gewesen sein, die des italienischen Einheitsstaates hat die Lage jedoch keineswegs verbessert, sondern eher verschlechtert.

Die Untersuchung, die Franchetti und Sonnino 1876 durchführten*, äußert sich dazu sehr deutlich. Und in seiner Erzählung »Die Alten und die Jungen« schrieb Pirandello über jene Jahre:

> »... Arme Insel! Du wurdest behandelt wie ein erobertes Gebiet. Und die Militärgerichte, die Diebstähle, die Morde, die Erpressungen, die Plünderungen, die von der neuen Polizei im Namen der Königlichen Regierung begangen wurden, und die Fälschungen, die Vernichtung von Dokumenten und die schändlichen politischen Prozesse: all das geschah während der ersten Regierung der parlamentarischen Rechtsparteien! Und dann kam die parlamentarische Linke an die Macht. Auch sie begann mit Ausnahmegesetzen für Sizilien. Und mit erschlichenen Aneignungen, Betrügereien, Bestechung, skandalösen Privilegien sowie skandalöser Vergeudung öffentlicher Mittel; Präfekten, Gouverneure und Richter standen im Dienst der ministeriellen Statthalter. Die Unterdrückung der Besiegten und der Arbeiter wurde vom Gesetz begünstigt und geschützt und sicherte den Unterdrückern Straflosigkeit zu.«

Abgesehen von der Zwischenzeit des Faschismus gingen diese Unterschiede zwischen der Justiz im Süden und der im Norden Italiens auch nach der Befreiung (1945) weiter. Der

Justizapparat des Südens stand weiterhin im Dienst der Macht, das heißt der Christdemokraten.

Es ist einigen heroischen sizilianischen Richtern zu verdanken, die im Kampf gegen die Mafia in vorderster Linie standen und dabei ihr Leben verloren, dass unter den Bürgern ein Gefühl der Solidarität mit der Justiz erwachte.

Ihren Höhepunkt erreichte diese Zustimmung zur Zeit der Mani Pulite*, als die Mailänder Richter mit der Korruption aufräumten und so die Erste Republik praktisch wegfegten.

Aus ihrer Asche erhob sich unvermutet ein Mailänder Geschäftemacher, der sich in einen Politiker verwandelte. Er hatte mit der Justiz einige Rechnungen offen. Und so widmete er sich, einmal an die Macht gekommen, mit Leib und Seele der Zerstörung des Rechtssystems. Er erließ Gesetze ad personam und ging so weit, zu behaupten, Richter seien geistig unzurechnungsfähig. Bei einer anderen Gelegenheit gebrauchte er gegen die Richter die gleichen Worte wie Totò Riina, der Boss der Mafiabosse.

Auf jeden Fall hat er dank seiner großen Anhängerschaft den Unterschied zwischen Nord und Süd beseitigt: die Bürger von Palermo und die von Bergamo sind jetzt glücklich vereint in ihrem absoluten Mangel an Vertrauen in die Justiz.

Der Italiener, der wegen Falschparkens einen Strafzettel erhalten hat, darf sich heute als Justizopfer fühlen.

Aber das ist nicht alles

Der Berlusconismus bringt gewisse Verhaltensweisen ans Licht, die im Italiener zwar vorhanden waren, die aber auf Grund eines Minimums an Respekt für die Regeln des Zusammenlebens bis dato noch nicht zum Vorschein kamen.

Berlusconi ist das lebende Beispiel dafür, wie einer der reichsten Männer der Rechtssprechung immer wieder entgeht. Diese Geschicklichkeit, so gerissen zu sein, ist in den Augen der Italiener ein enormer Verdienst, eine Tugend, eine seltene Qualität. Daher ist Berlusconi ein Beispiel, dem man bei der ersten Gelegenheit nacheifert.

Berlusconi hat öffentlich erklärt, der Bürger brauche keine Steuern zu bezahlen, die er als zu hoch empfindet. Und so hat die Steuerhinterziehung, derart offen ins Werk gesetzt, schwindelerregende Ausmaße erreicht.

Berlusconi hat von sich behauptet, er sei ohne jede Hilfe zu dem geworden, was er ist. Das ist natürlich nicht wahr. Aber die Leute glauben ihm, was den ohnehin individualistischen Charakter der Italiener noch verschlimmert hat.

Berlusconi ist ein authentischer Emporkömmling. Daher zeigt er seinen Reichtum und kündigt den Kauf jeder luxuriösen Villa in einer Art offiziellen Erklärung an. Die unterschwellige Botschaft besagt, dass alle so werden können wie er. In der Tat hat die Korruption in unserem Land die Alarmschwelle überschritten.

Berlusconi lässt Leute in den Senat oder die Abgeordnetenkammer wählen, die wegen ihrer Verbindungen zur Mafia oder wegen sonstiger Delikte verurteilt wurden. Er behauptet, er habe sie auf diese Weise vor der »Verfolgung durch die Richter« gerettet. So hat er das allgemeine moralische Empfinden auf ein Schattendasein reduziert.

Berlusconi ist fähig, einen hohen Funktionär des Fernsehens anzurufen, um ihm eine kleine Schauspielerin zu empfehlen, die die Freundin eines Senators ist, der zwar einer gegnerischen Partei angehörte, aber bereit sei, für ihn zu stimmen, wenn die Freundin eine gute Rolle bekomme. Im gleichen Gespräch verspricht er dem Funktionär zudem seine Hilfe, wenn er sich, nach dem Ausscheiden aus der Anstalt, selbstständig machen wolle.

Berlusconi behauptet, er habe Dutzende von Steuerprüfungen durch die Finanzpolizei gehabt, ohne dass irgend etwas Ungesetzliches ans Licht gekommen wäre. Freilich schied ein Beamter, der eine solche Inspektion leitete, wenige Monate später aus dem Dienst und trat in die Dienste Berlusconis, um schließlich Abgeordneter von Forza Italia zu werden. Eine ähnliche Karriere machte der Chef der Finanzpolizei, nachdem er wegen seines nicht gerade vorschriftsmäßigen Verhaltens zum Ausscheiden aus dem Dienst gezwungen worden war.

Berlusconi ist ein Meister der »componenda«, des kriminellen Paktierens von Mafia, Polizei und Politik, bei dem jeder Teil aus bestimmten Umständen seinen Vorteil zieht. Jüngstes Beispiel für einen solchen Pakt ist die Weise, wie Berlusconi die Krise der Alitalia behandelte. Es gab ein Angebot der Air France, die die Fluggesellschaft kaufen wollte. Es wurde als unvereinbar mit dem »italienischen Prestige« zurückgewiesen. Dann hat Berlusconi einer italienischen Seilschaft das Unternehmen zu einem Schleuderpreis zugeschustert, was zu sehr viel mehr Entlassungen führen wird, als der Verkauf an Air France vorgesehen hatte. Die Millionen Schulden bezahlt der Steuerzahler. Schließlich hat man auch Air France mit einer Beteiligung von 25% mit ins Boot geholt.

Ein volkstümliches Sprichwort sagt, der Fisch beginnt am Kopf zu stinken. Folglich verbreitet heute jeder Italiener ein bisschen Gestank.

Wie soll man sich also über den diplomatischen Zwischenfall wundern, als das amerikanische State Department den Staatsmännern, die zum Gipfel nach Japan reisten, eine Einschätzung mitgab, in der Italien als »korruptes Land« klassifiziert war? Ein Zwischenfall, der in Presse und Fernsehen nur beiläufig erwähnt wurde.

In einer Statistik zur Qualität der Informationen steht Italien ganz unten in der Weltrangliste. Würden wir in einem von einer Diktatur beherrschten Land leben, wäre das natürlich. Aber wir leben in einem demokratischen Regime, auch wenn die gegenwärtige Regierung den Akzent zunehmend auf das Substantiv und nicht auf das Adjektiv setzt. Man spricht bereits von einer substantiellen Änderung der Verfassung, um eine auf den Präsidenten zugeschnittene Republik zu ermöglichen.

Wie steht es also um die Information in Italien? In der Hand des gegenwärtigen Regierungschefs befinden sich die drei größten privaten Fernsehsender. Die Familie des gegenwärtigen Regierungschefs besitzt die Tageszeitung »Il Giornale« und kontrolliert andere Zeitungen wie »Libero« und »Il Foglio«. Überdies besitzt der gegenwärtige Regierungschef zahlreiche Illustrierten.

Der gegenwärtige Regierungschef ist Eigentümer von Mondadori, dem größten italienischen Verlag, der wiederum andere Verlagshäuser kontrolliert, darunter den traditionsreichen Verlag Einaudi.

Außerdem ist einer der drei Kanäle des öffentlich-rechtlichen Fernsehens, der Zweite, in der Hand des Partito delle Libertà, der Partei des Regierungschefs. So kontrolliert der Regierungschef direkt die drei privaten Kanäle, deren Eigentümer er ist und indirekt einen Kanal der RAI, und sein Einfluss erstreckt sich auch auf den Ersten Kanal. Ich erinnere daran, dass Berlusconi den Kopf des großen italienischen Journalisten Enzo Biagi, der auf diesem Kanal seine Meinungen äußerte, verlangte und erhielt.

Das Urteil des Kassationsgerichts und europäische Mahnungen haben nichts genützt, um diesen obszönen Interessenkonflikt zu lösen. Vor allem scheint es, dass dieser Interessenkonflikt den Italiener nicht interessiert. Er stört ihn nicht im geringsten. Auch er würde sich wie Berlusconi verhalten, wenn er dazu die Gelegenheit hätte. In seinem kleinen Rahmen handelt er sehr oft so. Der Rentner verdient mit zusätzlicher Schwarzarbeit, der Angestellte im öffentlichen Dienst stempelt seine Karte und verlässt dann das Büro, um einer Zweitbeschäftigung nachzugehen. Natürlich schwarz. Was soll daran schlimm sein, wenn der Regierungschef im Großen genau dasselbe macht?

Man muss wissen, dass der Italiener im wesentlichen ungebildet ist. In Italien wird sehr wenig gelesen. Es gibt noch etwa zwei Millionen Halbanalphabeten und Millionen sind gerade noch in der Lage, einen Text zu buchstabieren. In den Zeitungen liest der Italiener lediglich die Überschriften.

Aber er behauptet, sich aus dieser summarischen Lektüre ein Urteil bilden zu können. Denn der Italiener ist vor allem eingebildet.

Und ein Alleswisser.

Er ist fähig, Urteile über die Restaurierung der Sixtinischen Kapelle zu fällen, ohne sie je gesehen zu haben. Und ohne jemals im Leben ein Buch über Michelangelo gelesen zu haben. Er ist fähig, seine Meinung zur Brücke über die Meerenge von Messina zu äußern, ohne je Vigevano verlassen zu haben und ohne jede Ahnung vom Brückenbau oder von Volkswirtschaft. Er ist fähig, zu einer festen Überzeugung über den Umgehungsring von Mestre zu kommen, ohne je die Nase über Catania hinaus gestreckt zu haben und ohne von Verkehrsproblemen das Geringste zu verstehen.

Die Sätze, die der Italiener am häufigsten gebraucht, sind: »Wäre ich Finanzminister« ... oder »wäre ich Regierungschef« ... oder »wenn ich der Präsident der Republik wäre« ... oder »wäre ich der Papst«.

Hinzu kommt, dass in Italien die Schlagzeilen der Zeitungen oft und gerne das Gegenteil von dem behaupten, was in den Artikeln steht.

So bleibt das Fernsehen das einzige wahre Informationsmittel. Dessen Information ist fast immer manipuliert, der Italiener aber glaubt ihr blind.

Doch Vorsicht: Es gibt nicht nur die Übermacht der Informationsmittel in der Hand des Regierungschefs. Viel zu oft lassen auch die, sagen wir unabhängigen, öffentlich-rechtlichen Kanäle der RAI und die Zeitungen, die er nicht kontrolliert, eine gewisse Vorsicht walten, wenn es um Dinge geht, die dem höchsten Inhaber der politischen und medialen Macht missfallen könnten.

Bestimmte Ereignisse werden einfach ignoriert, andere werden auf eine Weise frisiert, dass sie einen möglicherweise negativen Eindruck auf Zuschauer oder Leser abschwächen. Bei den Tageszeitungen gibt es einige rühmliche Ausnahmen, zum Beispiel »La Stampa« und »Repubblica«, doch im wesentlichen gibt es nur ein Blatt, das wirklich opponiert, die »Unità«, die vom Regierungschef zutiefst verabscheut wird. Die Anderen singen im Chor, bis auf eine oder zwei störende Stimmen.

über die Auswirkungen des Fernsehens in Italien. Es lässt sich schlecht leugnen, dass das Fernsehen in jenen Jahren, in denen die RAI noch das Monopol hatte, einen gewissen positiven Einfluss auf die kulturelle Entwicklung der Italiener ausübte. Bei den politischen Diskussionen stand ein Parteisekretär meist einem Dutzend Journalisten gegenüber, deren Blätter aus gegensätzlichen Lagern kamen und die auch peinliche oder provokatorische Fragen stellten. Die ergebene Ehrfurcht vor der Macht, die wir heute in Sendungen wie »Porta a porta« finden, gab es nicht. Die Dokumentarfilme zeigten Italien so wie es war. Sie waren manchmal umstritten, aber immer das Werk von Schriftstellern oder Journalisten von Niveau, von namhaften Regisseuren oder von Fachleuten. Die als Serien verfilmten Romane, meist Klassiker, machten Lust auf Lesen. Die wöchentliche Sendung mit Theater zeigte anspruchsvolle Stücke von Strindberg bis zu Pirandello, von Ibsen bis Sartre. Selbst Varieté-Sendungen wie »Studio Uno« bewiesen einen heute unvorstellbaren Geschmack und Raffinesse.

Die Lage änderte sich radikal mit dem Auftreten des privaten Fernsehens und vor allem mit der Vereinigung der privaten Sender durch Berlusconi. Unter dem Schirm von Craxi gruppierte er die verschiedenen Sender in drei Kanälen, die zu den drei öffentlich-rechtlichen Kanälen der RAI in Konkurrenz traten.

Das private Fernsehen kann nur funktionieren, wenn es Werbeeinnahmen erzielt. Wer ein Produkt verbreiten will, versucht die größtmögliche Zahl von Zuschauern zu erreichen. Und die größtmögliche Zahl erreicht ein privates Fernsehen nicht dadurch, dass es die kulturelle Qualität der Sendungen erhöht, es würde dann ein Sender für Wenige werden. Also schlägt man die umgekehrte Richtung ein.

Das betrifft auch die RAI. Sie machte den unverzeihlichen Fehler, sich dem System des Privatfernsehens anzupassen und Sendungen mit geringen Zuschauerzahlen aus dem Programm zu nehmen, was bedeutete, dass man anspruchsvolle kulturelle Sendungen, zum Beispiel die Theaterabende, eliminierte.

Innerhalb von 20 Jahren war das unbestreitbare Ergebnis, dass das kulturelle Niveau der Zuschauer enorm sank, sodass heute die Realityshow und die Soap-Opera das Feld beherrschen können.

Der Italiener von heute ist sehr viel dümmer als der vor 20 Jahren. Mit allen vorstellbaren Konsequenzen.

In Klammern: Folgerichtig hat sich die Nachfrage nach Werbezeit im Netz der Mediaset (Berlusconi) gegenüber der Werbung in der RAI sprunghaft erhöht.

Der Italiener eilt immer dem Sieger zu Hilfe,

sagte Ennio Flaiano*. Aber das stimmt nicht ganz. Der Italiener eilt nicht dem nächstbesten Sieger zu Hilfe. Er wägt genau ab, auf welchen Siegeswagen er im letzten Moment springt. Und die Wahl ist fast immer von einem genauen Kalkül bestimmt: Was bekomme ich dafür?

Bei der Entscheidung sich dem Sieger anzuschließen, überwiegt also immer ein Partikularinteresse.

Es gibt Ausnahmen: Pirandello trat 1924, nach der Ermordung Matteottis* in die faschistische Partei ein, sprang also auf den Wagen dessen, der sich in jenem Augenblick in großen Schwierigkeiten befand. Das Gleiche tat Giovanni Gentile*, als er in dem Augenblick, in dem der Faschismus durch den Krieg in eine Krise geriet, auf die Rampe trat. Aber das sind seltene und vereinzelte Beispiele. Sie sind nicht maßgebend.

Kein Italiener eilte Ferruccio Parri* zu Hilfe, der einzige Ministerpräsident des demokratischen Italien, der aus dem Partito d'Azione kam, ein absoluter Ehrenmann von ehernen moralischen und politischen Prinzipien, Feind jeder Rhetorik, nicht willens, um Sympathien zu buhlen. Die Qualunquisti* von damals machten aus Ferruccio ein »Fessuccio«, was so viel heißt wie Dümmling, und die wieder auferstandenen Faschisten schrieben in Rom auf die Häuserwände: »Gebt uns wieder den mit dem großen Kopf«.

Kein Italiener ist Prodi zu Hilfe geeilt, als er die Wahlen gewann. Im Gegenteil. Es gab auf ihn eine Art gemeinsames Zielscheibenschießen von Freund und Feind. Es gab sogar eine ihm verbündete Partei (Rifondazione comunista), die von sich sagte, sie sei eine Partei »des Kampfes und der Regierung«, das heißt, sie hielt sich beide Optionen offen. Vor allem war Prodi durch sein Aussehen nicht gerade begünstigt. Das zählt in Italien außerordentlich viel. Er war eher unscheinbar, sprach mit leiser Stimme und etwas schwerfällig. Er hatte eine große Ähnlichkeit mit Parri. Kann so jemand mithalten mit dem gewinnenden Lächeln Berlusconis und seinem sturzbachartigen Redefluss, voller Witze und mit Zitaten einer Tante gespickt, die Nonne war?

Dies ist der richtige Augenblick, daran zu erinnern, dass unter den Gründen der Zustimmung für Mussolini zwei waren, die nicht gering zu veranschlagen sind: seine Art die Kinnbacken vor zu schieben und seine Redegewalt als Volkstribun.

Den Italiener interessiert es wenig, den Sinn dessen, was ihm von einem Balkon oder einer Tribüne aus gesagt wird, wirklich zu verstehen. Es genügt ihm, vom Klang der Worte verzaubert zu werden. Das sagte schon der große Petrolini*, als er die Rolle des Nero spielte.

Und der Italiener glaubt an die Versprechen, die jeder politische Windmacher abzugeben bereit ist, auch an die, die sich schon im Licht des gesunden Menschenverstandes als nicht realisierbar erweisen. Innerlich ist er davon überzeugt, dass dieser Politiker nie imstande sein wird, all das zu halten, was er verspricht; aber er ist ebenso davon überzeugt, dass er persönlich große Vorteile haben wird, wenn dieser Politiker auch nur einen Teil dessen verwirklicht, was er versprochen hat.

Prodi versprach nur wenig, Berlusconi aber eine wunderbare Zukunft, eine Art Paradies, wo man auch ein bisschen sündigen durfte, ohne den göttlichen Zorn befürchten zu müssen.

Es war also unvermeidlich, dass der Italiener Letzterem zu Hilfe eilte.

Ein Problem der jüngsten Zeit

besteht im Aufleben rassistischer Verhaltensweisen. Evelyn Waugh, der den Krieg in Äthiopien verfolgte, sah eines Tages wie unsere Soldaten an der Seite äthiopischer Arbeiter die Schwellen einer Eisenbahnlinie legten. Er folgerte daraus, dass die Italiener keine koloniale Haltung hätten: nie hätte sich ein englischer Soldat dazu hergegeben, zusammen mit einem indischen, afghanischen oder afrikanischen Arbeiter bei gemeinsamer Arbeit zu schwitzen.

Er hatte nicht ganz unrecht. Unsere Kolonialpolitik schwankte immer zwischen wildester Repression und ziellos wie zügelloser Toleranz. Und sangen die Italiener nicht:

»Wir ziehn nach Afrika hinein
Wir werden eine Familie sein?«

Demnach wäre der Italiener kein Rassist. Aber er ist es.
Ein weiterer Beweis für das Zusammenfallen von Plus- und Minuszeichen?

Als 1938 auch in Italien als Vorspiel zur Vernichtung der Juden Rassengesetze erlassen wurden, gab es keine Reaktionen. Die Italiener waren im Grunde mit dem Faschismus einer Meinung, Juden seien hässlich, schmutzig und böse. Dazu brauchten sie nicht das »Manifest der Zehn«* oder Zeitschriften wie »Die Verteidigung der Rasse« lesen.

Natürlich gab es eine Minderheit, die die Juden auf alle mögliche Weise vor der Verfolgung rettete. Aber es ist unleugbar, dass die überwältigende Mehrheit keinen Finger zur Verteidigung der Juden rührte. Im Gegenteil. Viele bemächtigten sich ihres Eigentums und ihrer Geschäfte.

Nach dem Krieg wurde der Rassismus dann vergessen und begraben. Auch die Unterzeichner des niederträchtigen Manifests der Zehn kehrten nach kurzem Verschwinden auf ihre Lehrstühle zurück.

In jüngster Zeit ist der Rassismus bösartig zurückgekehrt, angefacht sowohl von der Lega als auch von Teilen der extremen Rechten mit stillschweigender Unterstützung durch Berlusconi und seine Leute.

Während Fini* aufrichtig verkündet, die Rassengesetze seien das absolut Böse gewesen, distanzieren sich manche seiner Anhänger von dieser Erklärung. Im Norden rufen Figuren wie Borghezio, Europaabgeordneter der Lega, auf zum Rassenhass. Aber auch in Neapel steckt man Unterkünfte von Zigeunern in Brand.

Heute sind sich die Italiener darin einig, dass jede Moschee Brutstätte gefährlicher Terroristen sei, dass die Rumänen alle kriminell, und dass Vergewaltiger immer Farbige seien. Sie sind dann ein bisschen enttäuscht, wenn sie entdecken, dass es Italiener waren, die getötet, gestohlen und vergewaltigt haben.

Das gipfelt in dem abartigen Vorschlag (anders kann man ihn nicht nennen), den Kindern der Roma Fingerabdrücke abzunehmen.

Heutzutage schaut man einem Italiener ungern ins Gesicht.

Moped und Vespa als Ideal

Wie die Dinge stehn, zeigt sich daran, dass das Motorino zum Ideal geworden ist.

Um zu verstehen, was ich sagen will, genügt es, in irgendeiner großen Stadt Italiens den Verkehr während der Stoßzeiten zu beobachten.

Die Autos befolgen wohl oder übel, schon wegen der Polizisten, die Vorschriften. Sie halten bei Rot, kehren nicht auf der Fahrbahn um, respektieren Einbahnstraßen usw. Doch die kleinen Motorräder, die die Straßen zunehmend überschwemmen, kennen keine Regel.

Sie benutzen den Bürgersteig, halten nicht bei Rot, fahren in die falsche Richtung, kehren um, wo sie nicht dürfen, zwängen sich zwischen den Autos durch und missachten die Zebrastreifen.

Ihre Bewegung ist ein einziger Verstoß gegen die Regeln.

Sie dürfen alles.

Auch die Polizisten tun so, als würde nichts passieren und drücken beide Augen zu.

Ja, vielleicht ist es das Ideal des heutigen Italieners, ein Motorino zu sein.

Peter Kammerer

Zu Camilleris Überlegungen

ist der Titel einer – russisch-italienischen Koproduktion aus dem Jahr 1964 über die Katastrophe der italienischen Beteiligung am Russlandfeldzug (Regie: Giuseppe De Santis). Die pazifistische Grundstimmung und die Episoden menschlichen Einverständnisses zwischen Russen und Italienern legen einen gnädigen Schleier über viele begangene Kriegsverbrechen und stützen die Legende vom Italiener, der in Russland, auf dem Balkan und in den Kolonialkriegen (vom Ende des 19. Jahrhunderts bis zum Zweiten Weltkrieg) zwar Massenhinrichtungen vorgenommen und im blutigen Abessinienkrieg (1935–1936) auch Giftgas eingesetzt, sich letztlich aber menschlich verhalten hat. Eine italienisch-proletarische Version der sauberen Wehrmacht.

Mit bestem Gewissen nennt man heute in Italien im allgemeinen Sprachgebrauch und in der Presse Einwanderer aus Ländern außerhalb der Europäischen Gemeinschaft *extracomunitari*, Menschen die nicht zur (europäischen) Gemeinschaft gehören, was unterschwellig bedeutet, dass es mit Immigranten keine Gemeinschaft gibt. Die harmlos klingende Verkürzung überspielt, was die Lega Nord buchstäblich meint und tut. Das rassistische Potential Italiens wird heute nicht so sehr von den Neofaschisten, als vielmehr von der im Dezember 1989 gegründeten »Lega Nord für die Unabhängigkeit Padaniens« gebündelt und hochgespielt. Im Zingarelli, dem Wörterbuch der italienischen Sprache, gibt es die Worte padano und padanità, die sich auf die Eigenschaften der Poebene und seiner Bewohner beziehen.

Es gibt keine Region *Padanien*, sondern nur diese nebulöse Wortschöpfung, an der sich die ebenso nebulösen norditalienischen Ethnien mit föderalistischen und zum Teil ausgesprochen separatistischen Tendenzen orientieren sollen. In der Konstruktion ihrer »Identität« greift die Lega auf die Liga der lombardischen Städte zurück. Deren Heer schlug im Mai 1176, geschart um einen die gemeinsamen Symbole mit sich führenden Ochsenkarren (carroccio), Kaiser Barbarossa. So bewahrte die Liga ihr Recht auf Selbstregierung.

Die Orte des Geschehens (Legnano, Pontida) und der Karren werden von der Lega seit Ende der 80er Jahre in jährlichen Versammlungen gefeiert. Zusätzlich hat Parteichef Umberto Bossi am 13.9. 1996 das heilige Wasser der Poquelle in einer Ampulle feierlich aufgefangen. Neuheidnische Kulthandlungen, wie sie in Deutschland vor und nach dem Ersten Weltkrieg grassierten und eine aggressive, von der sanften Verlogenheit der herkömmlichen Politiker sich abhebende, die Unzufriedenheit des »kleinen Mannes« thematisierende Sprache, machten aus der Lega die heute führende Partei des modernen Norditalien und die zuverlässigste Stütze eines sonst an solchen Späßen nicht interessierten Berlusconi.

Eine anthropologische und religiöse Kontinuität in der Kultur des Mittelmeers behaupten demgegenüber die Riten des Südens. Auf Ekstase und Orakel verweist das Fest des unter Diokletian im Jahre 305 enthaupteten heiligen *Gennaro* in Neapel. Eine Frau soll sein Blut in einer Ampulle aufgefangen haben, die heute im Dom aufbewahrt wird. An bestimmten Tagen im Mai und September verflüssigt sich das Blut. Andernfalls kommt Unheil über die Stadt, weswegen die Neapolitaner vom Kardinal bis zum Schuhputzer außerordentlich an diesem Wunder hängen.

In die Tradition weiblicher Gottheiten gehört die heilige *Rosalia*. Sie entstammt einer vornehmen Familie und hat sich im 12. Jahrhundert als Einsiedlerin auf den Monte Pellegrino zurückgezogen. Im 17. Jahrhundert fand man ihre Gebeine, die man in den Dom von Palermo überführte. Als Befreierin von der Pest wird sie vom Volk verehrt und gefeiert. Goethe bewunderte in der Höhle, in der sie gelebt hatte, ihr Bild rosiger Jungfräulichkeit und den »Flitterputz des katholischen, besonders sizilianischen Gottesdienstes hier noch zunächst seiner natürlichen Einfalt«.

Deutschland und Italien stellten sich im 19. Jahrhundert die seltsamen Fragen »was ist ein Italiener« oder »was ist deutsch« und gerieten mit den Antworten bald auf den Holzweg oder in die Rassismusfalle. Beide Länder schwankten zwischen Föderalismus und Zentralstaat, beide setzten Letzteren schließlich durch und vergingen sich damit an der politischen Vielfalt und am kulturellen Reichtum ihrer Geschichte. Mit den bekannten Folgen. In Italien blieb im Gegensatz zu Deutschland auch nach dem Zweiten Weltkrieg der zentrale Einheitsstaat tonangebend, nur halbherzig korrigiert durch die Bildung von in der Verfassung von 1947 vorgesehenen Regionen.

Föderalismus ist also ein Kampfthema geblieben, dessen sich die Lega Nord in seiner primitivsten Version (»Räuberin Rom«, »Nord gegen Süd«) bemächtigt hat. Die Vorkämpfer der italienischen Einheitsbewegung des 19. Jahrhunderts, des *Risorgimento*, gingen von einem Idealtypus des Italieners aus, der in einem von Fremdherrschaft befreiten Italien alle Voraussetzungen finden würde, um seine Kulturmission, die zu haben damals alle europäischen Nationen überzeugt waren, in der Welt zu erfüllen. Ein »Durchschnittsitaliener« entstand aber erst ein Jahrhundert später mit dem Wirtschaftswunder. *Laura Betti* (1927–2004), die mit Pasolini eng befreundete Sängerin und Schauspielerin, machte mit ihren Chansons diesen neuen Typ des Italieners lächerlich. In Pasolini löste er tiefe Hassgefühle aus. Im Film »La Ricotta« lässt er Orson Welles sagen: »Aber wissen Sie eigentlich, was ein Durchschnittsmensch ist? Er ist ein Ungeheuer. Ein gefährlicher Verbrecher. Ein Konformist! Kolonialist! Rassist! Sklavenhalter!«

Derjenige, der eine italienische und eine deutsche Literaturgeschichte zu Rate zieht, um sich über das Verhältnis von Dialekt und Hochsprache zu informieren, entdeckt, dass im Dialekt geschriebene Werke der Literatur oder des Theaters von hohem Rang in Deutschland Ausnahmefälle sind. Man denke an Goethes Urteil über die alemannischen Gedichte von Johann Peter Hebel (1760–1826) als Weltliteratur und vielleicht noch an die niederdeutschen Werke von Fritz Reuter (1810–1874). In Italien ist das anders. Es ist das Verdienst von *Antonio Gramsci* (1891–1937), anhand der Sprach- und Literaturgeschichte die unterschiedliche Beteiligung der verschiedenen Klassen an der Entwicklung des nationalen Lebens sowie die Rolle und die Haltung der Intellektuellen in ihrem zwiespältigen Verhältnis zur Macht und zum Volk gezeigt zu haben. In Italien war das Bürgertum viel zu schwach, um eine tragende Rolle bei der Herausbildung einer nationalen Sprache zu spielen. So äußerte sich die kulturelle Lebendigkeit der subalternen Klassen, das heißt der Mehrheit der Bevölkerung, im Dialekt, während die gebildeten Kreise der Aristokratie im 19. Jahrhundert das Französische, die kosmopolitisch orientierte Elite der Kirche noch das Latein und nur ein relativ kleiner Kreis von Intellektuellen das Italienische bevorzugten.

Vorausgegangen war nach dem langen Niedergang des römischen Reiches vom 5. Jahrhundert an die Trennung der lateinischen Schriftsprache von der gesprochenen Volkssprache, die sich mit dem Ende der römischen Zentralisierung in unendlich viele Dialekte aufsplitterte. Zu einer erneuten Versöhnung von Schrift- und Volkssprache kam es mit der ersten großen Blüte der italienischen Literatur um 1200, die das Volgare, die Volkssprache, benutzte, die bisher nicht schriftlich fixiert war. Ausgangspunkt waren die Büros der Notare, die den klösterlichen Grundbesitz »zweisprachig« registrierten (*sao ko kelle terre*, ich weiss, dass diese Grundstücke ...), dann die Macht der Kommunen und die religiöse Erneuerung, die in Franz von Assisi ihre hervorragende Figur fand. Mit der Gegenreformation geriet die Volkssprache gegenüber dem humanistischen Latein erneut ins Hintertreffen, sodass wiederum die Sprache des Volkes (Dialekte) und die der Intellektuellen zusammenhanglos nebeneinander existierten. Die gemeinsame Sprache des national gesinnten Italien im 19. Jahrhundert war die Oper.

Die soziale, politische und literarische Komplexität der italienischen Sprachgeschichte war ein Erbe, dessen sich die fortschrittlichen Intellektuellen noch während des Faschismus bewusst wurden. Dieses Bewusstsein hat entscheidend, über den Neorealismus hinaus, zur Blüte der italienischen Literatur und des Films nach dem Krieg beigetragen. Die Überwindung der kulturellen und sozialen Gräben, die das Volk und die Intellektuellen trennten, wurde zur entscheidenden Frage. Giorgio Strehler spielte den Venezianer *Goldoni* (1707–1793) auf eine völlig neue Weise. Dario Fo entdeckte den Paduaner *Ruzante* wieder (1496–1542). Der Sizilianer *Giovanni Meli* (1740–1815), der Mailänder *Carlo Porta* (1775–1821), der Römer *Gioacchino Belli* (1791–1863) wurden als große Dichter ihrer regionalen Beschränkung entrissen, während populäre Schauspieler wie *Gilberto Govi* (1885–1966) in Genua, *Cesco Baseggio* (1897–1971) in Venedig sowie *Eduardo De Filippo* (1900–1984) in Neapel aus dem Dialekttheater auf dessen eigener Grundlage und Tradition großes, europäisches Theater machten.

Die frühe Schlüsselfigur dieser kritischen Reflexion und Aneignung war der 1934 mit dem Nobelpreis ausgezeichnete Dramatiker und Erzähler *Luigi Pirandello* (1867–1936), gleichzeitig Sizilianer, Italiener und Europäer. Der Prozess, den Gramsci die »Nationalisierung des linguistischen Erbes« genannt hatte, wurde in einer ersten Periode vom italienischen

Fernsehen gefördert. Nicht die Literatur und das Theater, nicht einmal die Schule, sondern das Fernsehen hat den entscheidenden Beitrag zu einer allgemein gesprochenen, italienischen Sprache geleistet. Doch dann passierte, was Pasolini in den »Freibeuterschriften« beschrieben hat: Das Fernsehen reduzierte den Ausdrucksreichtum der Italiener und zerstörte mit seiner Formelhaftigkeit auch die Haltung der Sprechenden. Pasolinis These von der »Omologazione«, der nivellierenden Gleichschaltung, wird in ihrer Radikalität und Tiefe vor diesem Hintergrund verständlich.

wollte in mehreren großen Kampagnen die Massen mobilisieren, um nachzuholen, was das Bürgertum bisher zu leisten unfähig gewesen war. Dem Bemühen um eine einheitliche, von Fremdwörtern gereinigte italienische Sprache galt der *Kampf gegen die Dialekte*.

Die *Weizenschlacht*, einer der Kernpunkte der faschistischen Agrarpolitik, sollte die Selbstversorgung mit Lebensmitteln sicherstellen und das Land vom Weltmarkt relativ unabhängig machen. Durch die Politik der Entsumpfung und Bodenmelioration sollte nicht nur die Produktion erhöht, sondern auch die Malaria bzw. die sie verursachende *Fliegenplage* bekämpft werden.

Schon vor dem Faschismus fühlte sich Italien als »Proletarier« im Kreis der modernen Nationen. Mussolini sah im *Kinderreichtum* die Bedingung künftiger militärischer Stärke und eine Waffe der internationalen Politik. Sein Traum war das antike Rom, das mit seinen Bauernsoldaten die internationale Handelsmacht Karthago (sprich England) geschlagen hatte.

Die Agrarfrage ist für ein Land wie Italien eine Lebensfrage. Sie wurde weder durch die faschistische Agrarpolitik, noch durch die Industrialisierung nach dem Zweiten Weltkrieg gelöst, sondern mitsamt der bäuerlichen Welt einfach abgeschoben oder eliminiert. Manchmal scheint es, dass uns Welten von den Problemen des frühen 20. Jahrhunderts trennen, doch wie in Ovids Metamorphosen tauchen die ungelösten Fragen in neuen Gestalten auf: die begrabene und verschleppte Agrarfrage in den Problemen heutiger Ernährungs- und Umweltpolitik.

Die Machtergreifung und Konsolidierung des Faschismus war den meisten kritischen Zeitgenossen unerklärlich. Ausgangspunkt war zweifelsohne der Erste Weltkrieg, der alle Verhältnisse zerrüttet hatte. Da Italien zu den Siegermächten gehörte, blieb die Monarchie mit einer bürgerlich-liberalen Regierung erhalten. Anders als in Deutschland musste kein Kaiser abtreten, keine neue Verfassung war in Sicht. Aber die Sozialistische Partei war aus den ersten allgemeinen Wahlen 1919 als einer der Sieger hervorgegangen. Die sozialen Probleme verschärften sich. Bauern besetzten die Latifundien, Arbeiter die Fabriken. In der Auseinandersetzung um eine »neue Ordnung« spaltete sich die Sozialistische Partei in »Reformanhänger« und »Bolschewisten«. So kam es Anfang 1921 zur Gründung der Kommunistischen Partei.

Zwei Jahre zuvor hatte der ehemalige Sozialist *Mussolini* (1883–1945) Kriegsheimkehrer in »Kampfbünden« (Fasci) organisiert, die er nun unter dem Schutz von Polizei und Justiz in Aktionen, die von massiver Einschüchterung bis zum Mord reichten, gegen »die Roten« einsetzte. Damit nahm er der liberalen Regierung die schmutzige Arbeit der Repression ab oder erleichterte sie zumindest. Neben diesem Nutzen musste er aber auch noch der Krone, der Kirche, der Industrie, den Agrariern und dem liberalen Bürgertum seine politische Verträglichkeit beweisen.

Er tat dies anscheinend so überzeugend, dass er 1922 seinen *Marsch auf Rom* im Schlafwagen antreten konnte, um vom König mit der Regierungsbildung beauftragt zu werden. In Deutschland war Adolf Hitler von diesem Erfolg so beeindruckt, dass er die Aktion 1923 mit seinem Münchner Marsch auf die Feldherrnhalle nachzuahmen versuchte, an einem 9. November, dem seltsamsten Datum der deutschen Geschichte (Abdankung des Kaisers, Münchner Putschversuch, »Reichskristallnacht«, Mauerfall).

Im Sommer 1924 wurde der sozialistische Abgeordnete *Giacomo Matteotti* (1885–1924) ermordet, nachdem er im Parlament

Mussolini scharf angegriffen hatte. In der nach dem Mord entstandenen Stimmung hätte Mussolini gestürzt werden können. Doch die Opposition war sich nicht einig. Ein halbes Jahr später übernahm Mussolini vor dem Parlament die »politische, moralische und historische Verantwortung« für den Mord. Bis zu diesem Zeitpunkt war die Opposition geduldet, jetzt wurde sie verboten, und es begann die totalitäre Verschmelzung von Staat und faschistischer Bewegung. Der Faschismus wurde zu einer Art Lebensphilosophie der Italiener, die den Menschen in einprägsamen Sätzen eingehämmert und Teil der Umgangssprache wurde. Dazu gehören das bis heute übliche *me ne frego*, das gegen jede Art von Bedenken eine Scheißegalhaltung heroisiert, und das ebenso tapfere *noi tireremo dritto*, »wir machen so weiter«.

Während Hitler in Berlin in den Bunker ging, begab sich Mussolini Ende April '45 von Mailand aus auf die Flucht. Zuerst wollten er, seine Geliebte Clara Petacci, sowie einige hohe Parteiführer in die Schweiz. Das erwies sich als unmöglich, und so schloss sich die Gruppe einer deutschen Kolonne an. Als diese von Partisanen gestoppt wurde, gaben die Deutschen die Italiener kampflos heraus. Wenn schon sterben, dann für Hitler. Vom Oberkommando der Resistenza kam der Befehl, Mussolini und die ganze Gruppe sofort zu erschießen. Die Leichen wurden ins befreite Mailand gebracht und an der *Piazzale Loreto*, wo einige Monate zuvor Partisanen hingerichtet worden waren, zur Schau gestellt. Eine riesige Menge von Mailändern ließ ihre Wut an den toten Körpern aus, die schließlich an den Füßen aufgehängt wurden, als Trophäen, aber auch um sie der Wut der Menge zu entziehen.

Waren diese Mailänder, die eine Leiche noch lynchen wollten, dieselben Leute, die Monate zuvor dem Duce zugejubelt hatten? Oder anders: Waren die Leute, die 1933 die Bücher verbrannten, dieselben, die ein Jahr zuvor Thomas Mann und all die anderen verbrannten Dichter mit Begeisterung gelesen hatten? Die Antwort kann nur lauten: Ja und Nein.

Hitler hat in seinem Bunker noch vom Ende seines Freundes erfahren. Wäre er herausgekrochen, hätten die Deutschen noch vor seiner Leiche salutiert.

In Italien hat diese doppelte Antwort ein Bürgerrecht, in Deutschland gilt eher das Entweder-Oder.

Die Quantenphysik behauptet die Unschärfe der Messgrößen eines Teilchens (Heisenberg 1927). Man kann daraus philosophische Lehren für das Leben ziehen. Der geniale wissenschaftliche Sonderling *Ettore Majorana* (1906–1938?) stand mit Heisenberg in Verbindung und arbeitete in der Gruppe um Enrico Fermi, die zur Spitze der internationalen Atomphysik gehörte. Seinem rätselhaften Verschwinden hat Leonardo Sciascia ein auch ins Deutsche übersetztes Buch gewidmet. Camilleri entlehnt Majorana das Bild von den Gegensätzen, die sich auf der Makroebene anscheinend unversöhnlich gegenüberstehen, während sie im Mikrobereich unteilbar verschmolzen sind. Was bedeutet diese Erkenntnis für ein Italien, das in den 30er Jahren in einigen Zweigen der Wissenschaft Spitzenleistungen erbrachte, während viele Bauern noch homerische Pflüge zogen?

Warum sollte dieser süditalienische Bauer, Splitter einer mediterranen Kultur und Analphabet, die Frage, ob eine Stadt als Görz österreichisch, als Gorica slowenisch oder als Gorizia italienisch sein soll, zu seiner Lebensfrage machen? Ein ganzer Weltkrieg, der Erste, ist um solcher Fragen willen geführt worden. Die Schlacht von *Caporetto* (auf slowenisch Kobarid und auf deutsch Karfreit) im Oktober 1917 endete mit einer vernichtenden Niederlage der italienischen Truppen. Beteiligt waren als Lehrlinge bereits die künftigen Kriegshelden Rommel und Badoglio. Hemingway beobachtete, wie am Fluss Piave die Front zum Stehen kam. Italien war gerettet. Aber in den Schützengräben des Nordens entstand damals das großartigste antimilitaristische Lied Italiens mit dem Refrain: »Gorizia, tu sei maledetta! Verflucht für jedes Herz, das ein Gewissen hat!« Das Mindeste, was man zu den auf beiden Seiten geopferten Soldaten sagen kann, ist ein: Ja und Nein!

Und wie war es in *El Alamein*? Hier, 106 km vor Alexandria, endete zwischen Juni und November 1942 der deutsch-italienische Vorstoß nach Ägypten. Der italienische Soldat, der hier kämpfte, war nicht direkt vom Acker an die Front gekommen, sondern hatte schon die Eroberung Abessiniens (1936) und womöglich auch die Beteiligung am Spanischen Bürgerkrieg hinter sich. Selbst wenn er kein Faschist war, glaubte er doch daran, in Afrika neuen Lebensraum erobern zu müssen. Es mag der Vernunft widersprechen, aber nicht einer Erfahrung, die auch die Deutschen gemacht haben: Expansion macht aggressiv und unter Umständen auch heroisch.

Das manchmal gleichzeitig und manchmal nacheinander ausgesprochene Ja und Nein der Italiener ist ein Ergebnis der Ungleichzeitigkeit und historischen Vielfalt Italiens. Bis vor wenigen Jahren war im italienischen Bewusstsein Geschichte so präsent, dass jeder sich in einen *Galilei* (1564–1624), der angesichts der Folterwerkzeuge abschwor, oder in einen *Giordano Bruno*, der sich im heiligen Jahr 1600 unbeugsam auf dem römischen Campo di Fiori verbrennen ließ, versetzen konnte. Eine populäre Figur wie in Deutschland der »Doktor Martin Luther« war *Savonarola*, ein Häretiker im Geruch der Heiligkeit, ein Eiferer gegen die moralische Verkommenheit der Päpste. Er wurde 1498 in Florenz verbrannt.

Der kleine Landpfarrer *Don Abbondio* hingegen besaß nicht das »Herz eines Löwen« und schwieg zu den Verbrechen des mächtigsten Mannes im Dorf. So beschreibt ihn Manzoni im schönsten historischen Roman Italiens »Die Verlobten«.

Campanella (1568–1639), Autor der Utopie eines Sonnenstaates und mutiger Parteigänger Galileis, verbrachte 27 Jahre im Kerker der Inquisition im damals spanischen Neapel.

Der Jesuitenpater *Antonio Bresciani* (1798–1862) begründete hingegen ein militant klerikales Schrifttum, für das die Patrioten des *Risorgimento* »Schurken, Feiglinge, Mörder usw. und die Verteidiger von Thron und Altar sämtlich zur Erde herabgestiegene Engel waren« (Gramsci).

Aus diesem Vorrat gegensätzlicher Verhaltensmuster, deren eines das andere negiert, kann sich ein jeder je nach der historischen Situation bedienen. Das erleichtert jene Umorientierung, die von den Deutschen als »Verrat« bezeichnet wird: der zweimalige »Verrat Italiens« am deutschen Bündnispartner! War Italiens Umschwenken in zwei Kriegen wirklich so opportunistisch? Der 1882 unter Bismarcks Regie zwischen dem deutschen Reich, Österreich-Ungarn und dem Königreich Italien geschlossene Dreibund wurde 1915 von Italien gebrochen, war aber längst durch die internationale Lage überholt.

Giuseppe Antonio Borgese (1882–1952), der damals völlig anderer Meinung war als der nur wenig ältere Thomas Mann, der später sein Schwiegervater wurde, machte die deutsche Politik für das Auseinanderleben von Deutschland und Italien verantwortlich. 1812 habe Deutschland für Europa, 1870 für sich sclbst und 1914 gegen alle gekämpft. Im Interesse der Humanität müsse Italien aus dieser negativen Dynamik ausbrechen.

Darüber mag man unterschiedlicher Ansicht sein, aber objektiv der Humanität verpflichtet war der Frontwechsel Italiens am 8. September 1943. Der König wollte Haut und Krone retten, aber es ging auch darum, Italien vor der Zerstörung zu bewahren. Die Deutschen waren anscheinend bereit, mit Hitler und seinen Generälen unterzugehen. Im Sommer 1943, als Mussolini vom König fallen gelassen und verhaftet, später aber von den Deutschen befreit wurde, glaubte der deutsche Generalstab, hochqualifizierte Militärs, noch an den Endsieg, während in Italien die Spatzen von den Dächern pfiffen, dass der Krieg verloren war. »Treue« wäre ein Verbrechen gewesen.

Hitler hingegen starrte in seinem Bunker auf das Bildnis von Friedrich dem Großen. Seine Vision der Geschichte hat die Deutschen blind gemacht.

In Italien nimmt man große Visionen nicht sehr ernst. Immer verlangt der Augenblick sein Recht. Das Leben inmitten einer Fülle von historischen Relikten aller Art erzeugt ein familiäres, oft unverantwortliches Verhältnis zur Geschichte. *Malaparte* mit seinem törichten Stolz auf die Vergangenheit richtete dabei ebenso viel Unheil an, wie die Eile, mit der man sich heute der Vergangenheit zu entledigen trachtet. *Curzio Malaparte* (eigentlich Kurt Erich Suckert, 1898–1957) ist ein geniales Gestrüpp von Plus- und Minuszeichen. Der Faschist der ersten Stunde überwarf sich in den 30er Jahren mit Mussolini, bekam Hausarrest, wurde Kriegsberichterstatter an der Ostfront und nach einem Protest des deutschen Propagandaministeriums nach Italien zurückbeordert; er arbeitete nach ihrer Landung mit den amerikanischen Truppen zusammen, verfasste berühmt gewordene Romane wie »Kaputt« und »Die Haut«, schrieb nach Kriegsende für die kommunistische Parteizeitung Unità, begeisterte sich für die Volksrepublik China, der er seine berühmte Villa auf Capri vermachte, die aber in der Hand der italienischen Erben blieb. Es wird berichtet, er habe vor seinem Tod die ihm lange verweigerte Mitgliedschaft der kommunistischen Partei erhalten und auch noch die Zeit gefunden, katholisch zu werden.

Auch *Giuseppe Bottai* (1895–1959) gehörte zu den Gründern des Faschismus, war Mitglied einer berüchtigten Schlägerbande, wurde Minister, Bürgermeister von Rom, später von Addis Abeba, trat 1938 im faschistischen Großrat mit überraschender Schärfe für die Rassengesetze ein, stimmte im Juli 1943 gegen Mussolini, wurde deswegen in Abwesenheit zum Tode verurteilt und spielte in den 50er Jahren eine nicht unbedeutende Rolle als ein den Christdemokraten nahe stehender Journalist.

Sind Biographien dieser Art verblüffende Bestätigungen dessen, was Camilleri die »unteilbare Verschmelzung der Gegensätze« nennt? Zeugen sie von einem kurzen historischen Gedächtnis oder von einer intimen Vertrautheit mit den vielfältigen Möglichkeiten und Auswegen, die die Geschichte bietet? Sind sie Material für kritische Erinnerung oder beweisen die ständigen Richtungswechsel nur deren Verdrängung? Fanatismus, der intelligente Menschen gegen historische Veränderungen resistent macht, wird in Italien nicht mit Treue verwechselt. Die Nibelungen waren hier nie zu Hause.

Faschisten der letzten Stunde waren entweder junge Idealisten oder dumme Bonzen. Das Verhalten eines *Giovanni Gentile*, das Camilleri zitiert, war in der Tat eine eher rätselhafte Ausnahme. *Gentile* (1875–1944), Schüler und Freund von *Benedetto Croce* (1866–1952), gehörte zu den bedeutenden Philosophen Italiens. Beide sahen den Faschismus zunächst mit Sympathie. Croce war Erziehungsminister in der letzten liberalen Regierung (1920/21), Gentile in der ersten faschistischen Regierung (1922–1924). Italien verdankt ihnen die wichtigste Schulreform der ersten Hälfte des 20. Jahrhunderts. Beide propagierten eine moralische Erneuerung Italiens aus dem Geist des *Risorgimento*, d. h. als Vollendung der nationalen Einheit. Doch nach dem Mord an Matteotti (1924) kam es zum Bruch.

Gentile veröffentlichte ein »Manifest der faschistischen Intellektuellen«, Croce antwortete mit einem »Manifest der antifaschistischen Intellektuellen«. In der Folgezeit lebte Croce zurückgezogen als unbehelligtes Symbol des Antifaschismus, während Gentile bedeutende kulturelle Ämter bekleidete. Er hätte sich problemlos als eine Art italienischer Carl Schmitt in die Nachkriegszeit retten können, erklärte sich aber öffentlich für die *Republik von Salò*.

Mit dieser Marionettenregierung unter dem Schutz der Deutschen (September 1943 bis April 1945) wollte Mussolini zu den »ursprünglichen Idealen« des Faschismus zurückkehren. Im April 1944 verübten kommunistische Partisanen ein tödliches Attentat auf Gentile, das von gemäßigten Kräften der Resistenza missbilligt wurde.

Wieviele Seelen leben in einer italienischen Brust? Wieviele in einer Deutschen? Oder handelt es sich, wie Camilleri meint, um die gleichzeitige Präsenz von Minus- und Pluszeichen, die durch Veränderungen im Laufe der Geschichte unterschiedlich aktiviert werden?

ist ein Kollateralschaden der *Mani pulite*. Im Februar 1992 starteten einige Mailänder Richter die Aktion »Saubere Hände« ohne zu wissen, wie tief die Korruption bereits in die italienische Politik eingedrungen war. Bis zu diesem Datum wollten viele Leute dies auch gar nicht wissen und die Politik besaß Mittel, um Nachforschungen zu bremsen. Dann genügte ein Ruf wie »Der Kaiser ist nackt«, dass jeder den Politikern die Bestechungsgelder (»tangenti«) plötzlich an der Nase ansah, an den prallen Taschen und Aktenköfferchen, an der Geschwindigkeit, mit der bestimmte Positionen erreicht oder Entscheidungen gefällt wurden. Eine wütende Bevölkerung saß abends vor dem Fernseher und wollte die Verhaftungen sehen, dabei sein, wie die Justiz jetzt mit »der Politik« aufräumte. In diesem Klima kam es zu Rufmordkampagnen und zu einer Reihe Aufsehen erregender Selbstmorde. Schuldige und Unschuldige waren kaum mehr zu unterscheiden. Die bisherigen Regierungsparteien lösten sich samt ihren Traditionen auf. Die 1989 gegründete Lega Nord wurde zur ältesten im Parlament vertretenen Partei. Im Jahre 1994 entschloss sich Berlusconi, zur Verteidigung seiner Interessen selbst in die Politik zu gehen. Denn der Sozialist *Bettino Craxi* (1934–2000), der als Ministerpräsident den Baugeschäften und dem privaten Fernsehen Berlusconis den Weg geebnet hatte, war im selben Jahr vor der Justiz nach Tunesien geflohen.

In Deutschland hatte es Anfang der 80er Jahre die Flick-Affäre gegeben, den größten Korruptionsskandal der Bundesrepublik, von dessen wahren Ausmaßen die meisten Deutschen bis heute nichts wissen oder nichts wissen wollen. Ein parlamentarischer Untersuchungsausschuss, maßgeblich durchgesetzt von den damals jungen und rebellischen Grünen, hat dokumentiert, wie die deutsche Industrie die Politik gesteuert hat. Namhafte Politiker mussten zurücktreten, es kam zu großen Prozessen. Aber im Gegensatz zu dem, was in Italien zehn Jahre später passierte, besaßen die Parteien die Fähigkeit zur Selbstreinigung, und die Justiz stand nicht als »moralische Anstalt« alleine da, was sie überfordert und was nicht ihre Funktion ist.

In Italien kam es trotz mehrerer Anläufe zu keinem parlamentarischen Untersuchungsausschuss. Eine politische Aufarbeitung der Korruption gab es nicht. Stattdessen entstand ein institutioneller Dauerkonflikt zwischen Exekutive und Jurisdiktion. Vor diesem Hintergrund vollzog sich Berlusconis Aufstieg.

Korruption als endemische Krankheit ist etwas anderes als Mafia, und Mafia ist etwas anderes als »Banditismus«. Die drei Phänomene, bzw. ihr zähes Weiterleben, hängen mit der Art von Staat zusammen, den die Italiener sich 1861 gegeben haben bzw. der damals über sie gekommen war. Der Süden wurde vom Norden unter Missachtung des kulturell und sozial motivierten Widerstands einer zum Teil rückständigen Gesellschaft einfach annektiert. Es gibt in der italienischen Literatur keinen Michael Kohlhaas, der sich halsstarrig in sein gutes Recht verrennt, bis er zum Mörder wird. Aber es gab Tausende süditalienische Bauern, die zu Banditen wurden. Erst nach dem Zweiten Weltkrieg integrierten sich diese marginalisierten Teile der italienischen Gesellschaft oder degenerierten zu rein kriminellen Banden. Im Jahre 2011 sind es 150 Jahre, dass unter der Führung Piemonts das Königreich Italien entstand. Man darf auf die Festtagsreden gespannt sein.

Wie es im Süden aussah, beschrieben *Leopoldo Franchetti* (1847–1917) und *Sidney Sonnino* (1847–1922), zwei eher konservative Barone aus der Toskana, in ihrer Studie zur Lage der süditalienischen Bauern (1876). Von der Qualität und der Thematik her ist sie mit Max Webers Untersuchung über »Die Verhältnisse der Landarbeiter im ostelbischen Deutschland« (1892) zu vergleichen. Im Osten Deutschlands und im Süden Italiens wurde eine beispiellose Ausbeutung der Landarbeiter vom Gesetz begünstigt und geschützt.

Wenn Gesetze nicht die Bedürfnisse der Bevölkerung respektieren, sondern zum Selbstzweck werden oder importierten Schemata gehorchen, erhält die Korruption eine soziale Funktion. Sie beschleunigt und vereinfacht, wenn die Bürokratie über ihre tausend Füße stolpert. Bis heute gibt es in Italien genug Beispiele für durchaus vernünftige Ziele, die sich nur durch »Umgehung« von Vorschriften oder durch »Beziehungen« verwirklichen lassen. Es muss nicht immer Geld sein, doch es besteht ein geheimnisvolles Kontinuum zwischen Gefälligkeit, Schmiergeld und Käuflichkeit. Das hat angeblich eine lange Tradition. Doch der entscheidende Irrtum der Staatsgründung bestand darin, aus Angst vor Vielfalt und Separatismus einen rigiden Zentralstaat geschaffen zu haben, dem schon die verwaltungstechnischen Voraussetzungen fehlten. Von den menschlichen und sozialen ganz zu schweigen.

Als sich 1894 in Sizilien die Bauern in sozialistischen Bünden organisierten (Fasci Siciliani) und die großen, oft brachliegenden Ländereien besetzten, riefen die Grundbesitzer Militär und Mafia zu Hilfe. Die Regierung verhängte drakonische Strafen gegen die Mitglieder der Fasci. So kam die Mafia zu Ehren. Ihre Machtstrukturen wurden immer wieder von Regierung, Banken, Grundbesitzern, von politischen Parteien und auch von der Kirche gebraucht. Es sind jene unheiligen Allianzen, die Mafia und Korruption am Leben erhalten haben. Ähnlich wie die Deutschen haben die Italiener mit ihrem Staat furchtbare Erfahrungen gemacht. In Italien führte das zu einem eingefleischten Misstrauen gegen den Staat. In Deutschland hingegen hatten Luther und Hegel das Feld für bereitwilligen Gehorsam bereitet.

Auf Grund ihrer vielseitigen sozialen Erfahrungen geben sich die Italiener gerne als Alleswisser. Selten aber als Besserwisser. Es heißt, Italiener hätten keinen Sinn für das Gemeinwesen. Dabei haben sie mit ihren Kommunen, ihren Stadtstaaten und Seerepubliken äußerst komplexe staatliche Gebilde geschaffen. Über diese Erfahrungen legten sich wechselnde Fremdherrschaft und päpstliche Ansprüche. Selbst nach dem Ende des Kirchenstaates blieb der Vatikan in allen öffentlichen Angelegenheiten präsent. So ist der bürgerliche Nationalstaat unter ungünstigen Bedingungen entstanden und seine »Kinderkrankheiten«, Korruption und Querverbindungen zur organisierten Kriminalität, wurden nie überwunden. Ein erster Versuch der Korrektur endete in der Diktatur. Die Resistenza und die Verfassung von 1947 öffneten den Weg zu einer demokratischen Erneuerung, deren Kraft sich aber ein halbes Jahrhundert später anscheinend erschöpft hat.

Und die Opposition?

Nach seinem ersten Erfolg 1994 wurde Berlusconi zweimal abgewählt (1996 und 2006), doch jedes Mal wiedergewählt (2001 und 2008). Für das Versagen der linken Mitte und den Erfolg der Rechten gibt es viele Gründe. *Ennio Flaiano* (1910–1972), Schriftsteller und Drehbuchautor, hat sie alle schon vor Jahrzehnten mit seinen Bonmots aufgespießt. Zuerst sind Bonmots eher witzig als wahr. Bis dann der Witz in Gestalt eines Berlusconi daherkommt. Das verschlägt die Sprache, erlaubt aber im gleichen Moment ein Wiedererkennen: Ist das nicht ein spätrömischer Potentat, vielleicht ein Nero? *Ettore Petrolini* (1884–1936), der größte Komiker Italiens (zusammen mit Totò), hat in einem berühmt gewordenen Sketch eine Ansprache Neros an das Volk dargestellt. Man kann sie auf Youtube sehen: Nerone e il popolo. Die Degenerationserscheinungen der spätrömischen Kaiserzeit sind bis heute in Italien Stoff volkstümlicher Erzählungen und Geschichten. Einem Historiker wie Theodor Mommsen (1817–1903) haben sie das Schreiben verleidet. »Kein Verlass auf Literatur. INTRIGEN UND HOFKLATSCH«, kommentierte Heiner Müller in »Mommsens Block«. Die italienischen Zeitungen und das Fernsehen, Berlusconi freundlich oder feindlich gesinnt, erschöpfen sich darin.

Es gibt im ewigen, von geistreichen Bemerkungen erhellten Einerlei italienischer Untugenden historische Brüche, die plötzlich einen anderen Blick gestatten. Zu diesen Brüchen zählen das Auftauchen der italienischen Kommunisten 1943 (aus den Gefängnissen, aus der Emigration, aus den Herzen jugendlicher Faschisten) und ihr plötzliches Verschwinden nach 1989. Nie ist eine ruhmreiche Baracke rascher abgerissen worden. Achille Occhetto (geb.1936) wickelte die Partei mit der Hast eines ertappten Bankrotteurs ab; Massimo D'Alema (geb. 1949) baute seine Karriere auf dem verschleuderten Restvermögen auf; Walter Veltroni (geb. 1955) will nie Kommunist gewesen sein. Und nicht wenige schwenkten mit Giuliano Ferrara (geb. 1952), dem Sohn gediegener Stalinisten, ins Lager Berlusconis (geb. 1936). Offensichtlich war die Partei schon lange tot. Eine Obduktion hat nie stattgefunden.

Berlusconi hatte also keine Gegenspieler. Aber war da nicht *Romano Prodi*? Camilleri zieht eine Parallele zwischen Prodi (geb. 1939) und *Ferruccio Parri* (1890–1981). Beide haben gemeinsam, dass eine anständige, bürgerliche Haltung politisch nicht honoriert wurde. Ein berühmt gewordenes Foto, das man heute nicht ohne Rührung betrachten kann, zeigt Luigi Longo, Ferruccio Parri und Enrico Mattei, militärische Führer der kommunistischen, der bürgerlich-demokratischen und der katholischen Partisanen, am 25. April 1945 beim Einmarsch in das von ihnen befreite, jubelnde Mailand. Das wäre die Zukunft Italiens gewesen.

Ferruccio Parri, Lehrer und Journalist, wurde während des Faschismus verurteilt und gehörte 1942 zu den Gründern des *Partito d'Azione*, einer radikal-demokratischen »Aktionspartei«, die sich auf die Ideale Mazzinis und des *Risorgimento* berief. Zu Beginn der Resistenza ging er in die Schweiz, um dort einen skeptischen, antikommunistischen John Foster Dulles um Unterstützung für den bewaffneten Widerstand zu bitten. Er war also eine Art nichtkommunistischer Garant der Resistenza. Im Januar 1945 geriet er in einen faschistischen Hinterhalt. Deutsche Stellen, die mit den Amerikanern verhandeln wollten, schoben ihn als Zeichen guten Willens in die Schweiz ab. Umgehend kehrte Parri zu seinen Partisanen zurück und wurde vom Juni 1945 bis zum Dezember 1945 Ministerpräsident im befreiten Italien.

Der *Partito d'Azione* erlitt das Schicksal der Bürgerrechtler der DDR. Nach ihrem entscheidenden Beitrag zum Sturz des

Regimes wurden sie gefeiert, konnten aber in der Politik nicht Fuß fassen. Die radikale, demokratische Bewegung, die Parri vertrat, geriet unter die Räder der Kommunisten und Christdemokraten. Dann kam der Kalte Krieg und die Rechte formierte sich erneut.

Noch im Jahre 1944 gründete Guglielmo Giannini (1891–1960) im befreiten Süden Italiens die Bewegung des *Uomo qualunque* (Partei für Jedermann). Er schob das Scheitern des Faschismus auf die Politik überhaupt, die den uomo qualunque, den »kleinen Mann«, betrogen habe. Bei den ersten Wahlen 1946 wurden die *Qualunquisti* zu einem rechtspopulistischen Sammelbecken und kamen auf über 5 % der Stimmen. Giannini saß nach Auflösung seiner Liste drei Legislaturperioden im italienischen Parlament. Zuerst für die Liberalen, dann für die Christdemokraten. Von denen wechselte er zu den Neofaschisten, bis er bei den Monarchisten landete. Und wenn er nicht gestorben wäre, würde er auch heute noch die Küsten der neuen Parteienlandschaft abklappern. Er wäre nicht der Einzige.

Berlusconis große politische Leistung bestand darin, mit der »Casa delle libertà« (CDL) erstmals ein Sammelbecken für die gesamte italienische Mitte und Rechte geschaffen zu haben, ein luxuriöses Heim für verwaiste Christdemokraten, noch nicht pensionierte Sozialisten und Sozialdemokraten, Restbestände der bürgerlichen Kleinparteien, aber auch für ehrgeizige Aufsteiger der Lega Nord und für die ehemaligen Neofaschisten. Diese haben unter der Führung von *Gianfranco Fini* (geb. 1952) ihre alte, 1946 gegründete Partei (MSI) in eine respektable neue Partei, die »Alleanza Nazionale«, überführt. Berlusconi gab seinem neuen Bund ein erfahrenes Management aus meist skrupellosen Juristen und Unternehmensberatern und stellte ihm sein Fernsehen zur Verfügung. Seine politische Philosophie lässt sich folgendermaßen zusammenfassen:

Partei und Staat werden wie ein Unternehmen geführt, Programme bestehen aus Werbespots, Entscheidungen werden im kleinen Kreis gefällt und in Fernseh-Events zelebriert. Berlusconis persönliche Partei und Hausmacht wird als ein finanziell üppig ausgestatteter Fanclub organisiert und heißt nach den Chören fußballbegeisterter Schlachtenbummler »Forza Italia«.

Neuerdings gehört *Gianfranco Fini* zu den wenigen Politikern, die dieses Politikmodell, aber auch den Rassismus der Lega, offen kritisieren. Noch vor wenigen Jahren hat er Mussolini als einen der größten Staatsmänner des 20. Jahrhunderts bezeichnet, jetzt besetzt er den linken Flügel der »Casa delle libertà« und bereitet die Ära »nach Berlusconi« vor.

Die Linke, bzw. was von ihr übrig blieb, hat dazu wenig zu sagen. Woran Romano Prodi letztlich gescheitert ist, bleibt ein Rätsel. Seine erste Regierung wurde Opfer einer von exkommunistischen Ehrgeizlingen angezettelten Palastintrige (1998). Seine zweite Regierung verfügte über eine so knappe Mehrheit, dass Prodi zu ständigem Schwanken verurteilt war, was seine Popularität nicht erhöhte. Sein Justizminister (!), schon lange im Geruch der Korruption, ging schließlich zu Berlusconi über und brachte damit die letzte Regierung Prodi ruhmlos zu Fall (2008).

Motorini und Glühwürmchen

Der Straßenverkehr lieferte schon immer gute Metaphern für die Beschreibung der politischen Lage. Auf den italienischen Straßen haben protzige Autos die legendären FIAT 500 abgelöst. In den Städten werden die Kinder in Geländewagen und Jeeps in die Schule gefahren, als bestünde das feingliedrige Italien aus Wüsten und reißenden Flüssen. Der Klassenkampf ist auf Motorräder umgestiegen. Im Jahre 2004 verursachten diese 1458 tödliche Unfälle (in Großbritannien 607 und in Schweden 74). Ein Massaker aus anarchistischer Lust und Verzweiflung. Die Autos kommen nicht mehr weiter und jeder rettet sich wie er kann. Wo es keinen Ausweg gibt, helfen auch keine Regeln.

Vielleicht liegt hier die Erklärung für das Scheitern Prodis. In Italien hat es immer an den Voraussetzungen für eine wirklich liberale Politik gefehlt. Parri war an den ideologischen Blöcken gescheitert, die ihre eigene, ideologisch verankerte Verkehrsordnung hatte. Nach deren Auflösung schlug nicht die Stunde Prodis, sondern die der Abenteurer.

Hat das Bild vom Sieg der Motorini etwas mit Pasolinis Bild vom Verschwinden der Glühwürmchen zu tun? Ist Berlusconi ein Ergebnis der anthropologischen Mutation, von der Pasolini gesprochen hat? Oder verkörpert er nur die alten italienischen Laster? Warum tauchen diese gerade jetzt auf? Und wohin sind die Kommunisten verschwunden? Sind sie einfach vom Fall der Mauer überrascht worden oder Opfer eines längeren Auszehrungsprozesses, der inzwischen alle linken Volksparteien in Europa bedroht? Und schließlich: In welchem Europa werden die italienischen (und andere) nationalstaatlichen Irrungen und Wirrungen enden und wie werden sie weiterwirken oder aufgehoben werden?

Andrea Camilleri, geboren 1925 in Porto Empedocle, Provinz Agrigento, lebt in Rom. Schriftsteller, Essayist, Drehbuchautor, Theaterregisseur, Erfinder des Commissario Montalbano und Verfasser mehrerer sehr erfolgreicher historischer Romane über seine Heimat Sizilien.

Peter Kammerer, geboren 1938 in Offenburg, seit 1962 in Italien, lehrte Soziologie in Urbino. Mitautor des *Reisebuch Italien* (1979) und von *Franz von Assisi. Zeitgenosse für eine andere Politik* (2008). Übersetzte für Wagenbach von Pier Paolo Pasolini *Wer ich bin* und *Freibeuterschriften*, Mitherausgeber der *Gefängnisbriefe* Gramscis (2008).

Camilleri bei Wagenbach

König Zosimo

Roman

Ein vergnüglicher Roman über den Bauern Zosimo, der im Jahre 1718 in Agrigent nach dem Willen des sizilianischen Volkes zum König gekrönt wird. Komisch, fantasievoll, verschroben, deftig, spannend – wie nur Camilleri erzählen kann.

»Der vielleicht schönste Roman Camilleris überhaupt.«

Henning Klüver, Literaturen

Aus dem Italienischen von Moshe Kahn. Quart*buch*. Gebunden. 368 Seiten

Die Mühlen des Herrn

Roman

Die Mühlen des Herrn mahlen langsam. Und ein gewisser sizilianischer Mafioso, der sich an den Mühlen bereichert hat, gerät in arge Bedrängnis.

»An alle gestressten Frauen und Männer, die keine Zeit für Bücher haben. Camilleri verbraucht keine Minute. Er zaubert euch Zeit herbei. Probiert es, lest ›Die Mühlen des Herrn‹!« Rafik Schami, Tages-Anzeiger

Aus dem Italienischen von Moshe Kahn. Quart*buch*. Gebunden. 224 Seiten

Der geraubte Himmel

Roman

Eine geheimnisvolle junge Frau schreibt an einen älteren Herrn, Michele Riotta. In seiner Jugend hat er ein Buch über den impressionistischen Maler Auguste Renoir veröffentlicht, in dem er den Weg zu einem unbekannten Werk des Künstlers weist. Seine Briefe lassen ahnen, dass er noch anderes Wissen über Renoir zurückhält, von dem niemand etwas weiß ...

Allein aus den Briefen Riottas entwickelt Andrea Camilleri eine Liebesgeschichte und einen Kunst- Krimi, der – natürlich, Camilleri enttäuscht seine Leser nicht – eine verblüffende Wendung nimmt.

Aus dem Italienischen von Christiane von Bechtolsheim
SVLTO. Rotes Leinen. Fadengeheftet. 120 Seiten

Fliegenspiel

Sizilianische Geschichten

Andrea Camilleri nimmt uns mit auf eine Entdeckungsreise in seine Heimat Sizilien.

Der Dorfpolizist soll eine Prostituierte in Gewahrsam nehmen und nimmt sie statt dessen zur Frau. Man erfährt, wie man mit Fliegenfang den Jackpot gewinnt. Oder wie ein hungriger Priester das Gesetz umgeht. Spiele und Tischsitten werden erklärt: Die Kinder lösen aus gekochten Eiern das Eigelb und zielen damit auf den geöffneten Mund des Vaters. Wer trifft, bekommt einen Kuss.

»›Fliegenspiel‹ steckt voller schrulliger Menschen und schriller Anekdoten; ein Panoptikum aus Camilleris Kindheit und Jugend.« Brigitte

Aus dem Italienischen von Moshe Kahn
SVLTO. Rotes Leinen. Fadengeheftet. 96 Seiten

Die Ermittlungen des Commissario Collura

Acht Kriminalgeschichten

Commissario Cecé Collura muss als Bordkommissar die wunderlichsten Fälle lösen. Ein sehr vergnügliches Buch über seltsame Gäste auf einem großen Schiff.

»Ein sehr amüsantes Buch über Mord an Bord.« Brigitte

Aus dem Italienischen von Moshe Kahn. WAT 476. 96 Seiten

Italienische Verhältnisse

Satirische und politische Texte für deutsche Leser

Zum erstenmal auf deutsch: Andrea Camilleri als feiner Beobachter italienischer Sitten und Zustände.

»In der Vielfalt und Bandbreite dieser Texte spricht sich ein unabhängiger Geist aus, den man gern in Deutschland nachzüchten würde.«

Andreas Kilb, FAZ

Aus dem Italienischen von Friederike Hausmann und Moshe Kahn
Herausgegeben von Klaus Wagenbach. WAT 524. 144 Seiten

Italien bei Wagenbach

Dino Buzzati Aus Richtung der unsichtbaren Urwälder

Ein äußerst einfallsreicher, leicht paranoider Autor, Generationsgenosse und Freund von Albert Camus, neu vorgestellt. Ein Klassiker der italienischen Literatur.

Mit einem Nachwort von Klaus Wagenbach
SVLTO. Rotes Leinen. Fadengeheftet. 144 Seiten

Nach Italien! *Anleitung für eine glückliche Reise*

Dietmar Polaczek übersetzt italienische Gebärden, Alice Vollenweider begleitet ins Restaurant und auf den Markt, Friederike Hausmann erzählt die Geschichte der auftauchenden Namen von Garibaldi bis Moro. Andreas Beyer erklärt den Schönheitssinn und Leonardo Galanti hat die wichtigsten Gesten fotografiert.

Herausgegeben von Klaus Wagenbach. *SVLTO.* Rotes Leinen. 144 Seiten

Carlo M. Cipolla Geld-Abenteuer

Extra vagante Geschichten aus dem europäischen Wirtschaftsleben

Das liebe Geld und seine besondere Faszination: Es macht aus korrekten Familienvätern wilde Abenteurer.

Aus dem Italienischen von Friederike Hausmann
SVLTO. Rotes Leinen. Fadengeheftet. 96 Seiten

Luigi Malerba Die nachdenklichen Hühner

Mit seinen in Deutschland bisher 40.000mal verkauften Geschichten aus dem Alltag des Hühnerhofs ist dem großen Ironiker Luigi Malerba ein riskantes, gelassenes, ziemlich zutreffendes Bild der Menschen und ihrer Illusionen wie auch Verschrobenheiten gelungen.

Vollständige Ausgabe letzter Hand. Aus dem Italienischen von Iris Schnebel-Kaschnitz und Elke Wehr. Mit Zeichnungen von Lena Ellermann
SVLTO. Rotes Leinen. Fadengeheftet. 88 Seiten

Casanovas Venedig

Ein Reiselesebuch

Lothar Müller beschreibt, im Dialog mit Texten Casanovas und seiner Zeitgenossen, das Venedig des achtzehnten Jahrhunderts bis zum Ende der Republik.

Herausgeber Lothar Müller. *SVLTO.* Rotes Leinen. Fadengeheftet. 128 Seiten

Michaela Murgia Camilla im Callcenterland

Eine amerikanische Staubsaugerfirma mit den Geschäftsmethoden einer Sekte: Michela Murgia schildert ihre Erfahrungen als Angestellte eines Callcenters.

Aus dem Italienischen von Julika Brandestini. WAT 667. 144 Seiten

Paola Gallo, Dalia Oggero A Casa Nostra

Junge italienische Literatur

Was haben sie uns heute zu erzählen, die jungen italienischen Autoren? Schreiben sie über politische Zustände oder ziehen sie sich ins Private oder Lokale zurück? Die spannende Bestandsaufnahme eines überfälligen literarischen und gesellschaftlichen Aufbruchs in ein anderes Italien.

Quart*buch*. Gebunden. 208 Seiten

Ascanio Celestini Schwarzes Schaf

Ascanio Celestini hat den Irren zugehört, ihren Geschichten, ihren Wahrheiten, Phantasien und Geistesblitzen. Ein Liebhaber der schwarzen Schafe.

Aus dem Italienischen von Esther Hansen. Quart*buch*. Gebunden. 128 Seiten

Pier Paolo Pasolini Ragazzi di vita

Das unbestrittene Hauptwerk Pasolinis, mit dem Italiens großer Schriftsteller und Ketzer den Verlorenen und Geächteten aus den Elendsquartieren der römischen Vorstädte ein unvergängliches Denkmal setzt.

Aus dem Italienischen von Moshe Kahn. WAT 614. 240 Seiten

Tiziano Scarpa Venedig ist ein Fisch

Tiziano Scarpa führt uns durch seine Heimatstadt und lässt uns Venedigs Stadt- und unsere Körperteile neu entdecken.

Aus dem Italienischen von Olaf Matthias Roth. WAT 433. 120 Seiten

Leonardo Sciascia Das weinfarbene Meer

Die besten Erzählungen des großen sizilianischen Autors, von ihm selbst ausgewählt. Wo könnte man Sizilien mit seinen Besonderheiten und Bewohnern besser kennenlernen als in diesen Geschichten?

Aus dem Italienischen von Sigrid Vagt. WAT 611. 160 Seiten

Klaus Wagenbach Mein Italien, kreuz und quer

»Italien ist in Deutschland ohne Klaus Wagenbach nicht denkbar. Die intime Kennerschaft mag der Anlass für diese wunderschön aufgemachte, inspirierende Anthologie gewesen sein.« Neue Zürcher Zeitung

WAT 559. 384 Seiten

Verlag Klaus Wagenbach Emser Straße 40/41 10719 Berlin
www.wagenbach.de